Tarthang Tulku

Grenzenloser Geist

Tarthang Tulku

Grenzenloser Geist

Gedanken über Buddhismus im Westen

Dharma Publishing Deutschland

Die Originalausgabe erschien 2002 unter dem Titel:
„Mind over Matter“
bei Dharma Publishing
2425 Hillside Ave
Berkeley, Ca 94 704, USA

Autorisierte Übersetzung ins Deutsche
von Dharma Publishing Deutschland
Siebachstrasse 66
50733 Köln

Deutsche Erstausgabe 2004

ISBN 3 – 928 758 – 20 – 9
Die Deutsche Bibliothek verzeichnet diese Publikation in der Deutschen Nationalbibliografie; detaillierte bibliografische Daten sind abrufbar unter Htt://dnb.ddb.de

Abbildungen:
Umschlag Vajraksobhya Mandala
Seite 17 Padmasambhava
Seite 187 Odiyan-Mandala, Luftaufnahme

Layout und Satz: Manfred Lohse
Druck: Steinmeier
Printed in Germany

5 4 3 2 1

Allen Dharma-Studenten gewidmet.

Mögen eure Bemühungen mit Erfolg gesegnet sein!

Inhalt

Vorwort

Die in diesem Buch veröffentlichten Essays sind ursprünglich für den fünften Band der ‚Annals of the Tibetan Nyingma Meditation Center' verfasst worden. Dort werden Geschichte und Aktivitäten der von mir geleiteten Organisationen fortlaufend aufgezeichnet. Ich habe sie geschrieben, um mit den Mitgliedern unserer Gemeinschaft meine Gedanken darüber zu teilen, wie der Buddhismus sich im Westen ausbreitet. Ich hoffe, die Beobachtungen, die auf fast dreißigjährigem Leben und Arbeiten im Westen basieren, können meinen Studenten helfen, die für die Zukunft des Dharma wichtigen Themen zu erkennen und die für ein klares Verständnis oft hinderlichen Handlungsmuster genauer anzusehen. Dabei hatte ich auch den Wunsch darauf hinzuweisen, wie wertvoll die Arbeit meiner Studenten ist, und zu betonen, dass durch diese Arbeit ein Fundament für eine echte Übertragung der buddhistischen Lehren gelegt wird.

Nachdem dieser fünfte Band der ‚Annals' 1997 veröffentlicht war, wiesen viele unserer Mitglieder und Freunde darauf hin, wie wichtig die in diesen Essays behandelten Themen sind. Sie baten darum, diese Texte der Öffentlichkeit zugänglich machen zu dürfen. Die Lektoren von Dharma Publishing erklärten sich bereit, die Essays in Buchformat herauszugeben. Mitglieder unserer Zentren in Brasilien, Deutschland und Holland erbaten Erlaubnis, das Ergebnis zu übersetzen und zu veröffentlichen. Die Interviews am Ende dieses Buches wurden aus den ‚Annals' und anderen Quellen zusammengestellt.

Es ist meine Hoffnung, dass diese Überlegungen für jeden, der sich für die Zukunft des Dharma im Westen interessiert, von Nutzen sind. Der Strom, der den Dharma in den Westen trägt, wird vielleicht nicht so bemerkt werden wie andere Veränderungen, die unsere Aufmerksamkeit mehr beanspruchen. Aber die Ausbreitung des Dharma ist eines der wichtigsten Ereignisse unseres Zeitalters. In dieser ungewissen Zeit bieten die Lehren des Buddha frische Perspektiven und ein Wissen, das in der Lage ist, unseren Geist zu stabilisieren. Sie können die tiefsten Schichten unseres Seins transformieren. Wird der Dharma genügend tief Fuß fassen, so dass eine echte Aufnahme des buddhistischen Gedankengutes stattfinden kann? Oder werden westliche Studenten nur einige Aspekte des Dharma annehmen und dabei nicht begreifen, wie alle Elemente der Tradition zusammenarbeiten und dadurch eine erleuchtetere Sichtweise unterstützen?

Wie viele andere, die in den letzten beiden Jahrhunderten nach Amerika gekommen sind, habe ich versucht, das Erbe meines Heimatlandes mit den Menschen dieses Landes zu teilen. Auf meine eigene Weise habe ich den amerikanischen Traum verwirklicht, indem ich in diesem neuen Land die Offenheit und Toleranz entdeckte, die mir erlauben, für die Werte dessen zu arbeiten, was mir am meisten am Herzen liegt. Das ist das Versprechen, das Amerika gibt, die Vision, die erhebt und inspiriert. Ich kann meinem Dank nicht genügend Ausdruck geben, dass dieses Versprechen immer noch eingelöst werden kann.

Ich bin zutiefst dankbar, dass ich diese Gelegenheit erhielt, in Erinnerung an meine Lehrer, zum Wohl meiner tibetischen Landsleute und zum Nutzen des Dharma im Westen ein Heim für den Dharma zu schaffen und Projekte durchzuführen, die helfen die Lehren meiner Tradition zu erhalten und weiterzugeben. Die von uns erzielten Resultate sind meine Geste des

Dankes für die Freiheiten, die Amerika bietet, und für die Freundlichkeit, die mir hier erwiesen wurde. Die einladende Offenheit dieses Landes erweckt den Segen Padmasambhavas. Er ist der Meister, der die Tiefe der Lehren des Buddha zum Wohl der Wesen aller Welten offenbart hat. Was immer ich erreicht habe, war nur möglich mit dem Segen und der Unterstützung meiner Eltern und Verwandten, meiner Landsleute sowie meiner Dharma-Freunde und meiner Studenten, ganz besonders aber meiner heiligen Meister.

Möge die Kraft der Lehren und die Weisheit der erleuchteten Übertragungslinie sich für die Menschen dieses Landes und Zeitalters sowie in Raum und Zeit manifestieren. Möge die Sonne des Dharma weiterhin hell scheinen und so den Mandala-Garten zur Reife bringen, in dem sich Verwirklichung spontan entfaltet. Mögen die Blumen all dessen, was gelungen ist, blühen! Mögen die Dharma-Symbole reiche Frucht tragen! Möge der Pfad immer erreichbar sein für alle, die ihn betreten wollen! Möge das Universum selbst ein Mandala der Verwirklichung werden!

Erster Teil

Gedanken über Buddhismus im Westen

Wenn der Eisenvogel fliegt
Und wenn Pferde auf Rädern laufen,
dann werden die Tibeter wie Ameisen verstreut sein
über die ganze Welt.
Dann wird der Dharma kommen
in das Land des rothäutigen Mannes.

Padmasambhava

Fragen zur Verbreitung des Dharma im Westen

Durch seltene und gute Umstände wurde ich in eine Familie und in ein Land geboren, wo die Lehre des Buddha geehrt und praktiziert wurde. Der Einfluss meiner Familie und meine frühen Jahre im Tarthang Kloster lehrten mich den Unterschied wertzuschätzen zwischen einem Leben, das von Samsara bestimmt ist, und einem Leben, das die Befreiung aller Wesen von Leiden zum Ziel hat.

Als ich älter wurde, hatte ich die Gelegenheit, einige der größten Meister dieses Jahrhunderts zu treffen und bei ihnen zu studieren. Dabei sah ich in ihnen den Dharma in Aktion. Obwohl meine Studien und meine Praxis begrenzt waren, erhielt ich die grundlegenden Lehren der Drei Yānas, der Sūtras und Śāstras, des Mantrayāna und die besonderen Lehren der Nyingma-Schule. Das Wichtigste jedoch waren die vielen Segnungen und die großzügigen Ratschläge meiner Lehrer. Sie halfen mir, mein Leben nach dem Dharma, der Quelle alles Guten, auszurichten.

Die Führung und der Segen, die ich in meiner Jugend erhielt, inspirierten mich, mit ganzem Herzen für den Dharma zu arbeiten und alle Verdienste, die ich durch meine Handlungen anhäufte, dem Wohl anderer Menschen zu widmen und nach meinem besten Vermögen mein erreichtes Verständnis mit anderen zu teilen. Obwohl ich niemals in der Lage sein werde, die große Güte zu vergelten, die meine Lehrer mir erwiesen haben, habe ich versucht, durch meine Handlungen ihres Segens zu gedenken und ihre gute Arbeit weiterzugeben, indem ich ihre Wünsche – so gut es mir möglich war – erfüllte. Vor fast vierzig Jahren habe ich Tibet verlassen. Seitdem habe ich meine Energie immer Projekten zugewandt, von denen ich glaubte, sie könnten dem Dharma dienen oder wenigstens von geringem Nutzen für meine Mitmenschen sein.

In den letzten dreißig Jahren habe ich diese Projekte hauptsächlich im Westen durchgeführt. Während dieser Zeit war die tägliche Arbeit mein Lehrmeister. Indem ich mich den Herausforderungen stellte, die immer entstehen, wenn jemand etwas von Wert zu erreichen versucht, erfuhr ich direkt die Wahrheit vieler Lehren, die ich als Kind und als junger Mann studiert habe. Die formale Praxis, die ich ausgeübt hätte, wenn die tibetische Zivilisation nicht zerstört worden wäre, habe ich nicht weiter fortgeführt. Dennoch haben die direkt aus meiner Arbeit entstandenen Einsichten meine Wertschätzung für die Übertragungslinie der erleuchteten Verwirklichung ständig vertieft. Mehr denn je fühle ich mich der Aufgabe verpflichtet, meinen Mitmenschen Wahrheit und Wert des Dharma nahe zu bringen.

Der jahrzehntelange Aufenthalt im Westen und meine Tätigkeit hier haben meinen Blickwinkel für die Veränderungen erweitert, die der traditionelle Buddhismus gerade erfährt, sowohl unter den Tibetern als auch hier im Westen. Ich habe versucht einige dieser Perspektiven hier mitzuteilen. Diese Gedanken können nicht nur für diejenigen von Interesse sein, die mit mir gearbeitet haben, sondern auch für alle, die in dieser sich schnell ändernden Zeit aktiv an der Verbreitung des Dharma beteiligt sind. Vielleicht sind manche auch nur neugierig zu erfahren, wie das historische Zusammentreffen von Buddhismus und moderner Welt verläuft.

Eine Frage verfolgte mich in den letzten Jahren mit Sorge: Bestehen Aussichten für eine fruchtbare und bedeutungsvolle Interaktion zwischen traditionellen tibetischen Dharma-Lehrern und der kleinen, aber wachsenden Anzahl von Buddhisten aus den Ländern, in denen der Dharma neu ist? Jedes Dharma-Zentrum und jeder Lehrer ist anders. Trotzdem spielen bestimmte allgemeine Tendenzen in diesen Beziehungen eine Rolle. Ich hatte die Gelegenheit, viele aus nächster Nähe und im Detail in unseren eigenen Zentren zu beobachten. Mir liegt besonders daran, einige dieser Trends herauszustellen und zu kommentieren. Wenn man sich nämlich derartiger Muster gleich zu Anfang bewusst wird, ist das vergleichbar mit einem Plan, den man macht, ehe man anfängt, ein Haus zu bauen. Das kann helfen, Fehler und falsche Starts zu vermeiden, die später zu Schwierigkeiten führen würden. Auch wenn es nicht immer offensichtlich ist, so sind doch viele meiner hier präsentierten Gedanken von dieser Absicht geleitet.

Die Art und Weise, wie der Dharma wuchs und sich ausbreitete, war unstrukturiert, ja sogar chaotisch. Wenn man aber die gegenwärtigen historischen Umstände berücksichtigt, so war das zu erwarten. Trotzdem kann es möglicherweise darüber Verwirrung stiften, was Buddhismus und das Wesentliche seiner Praxis ist. Einige Dharma-Lehrer legen heute mehr Wert auf Meditation, andere betonen mehr die wissenschaftliche Seite und wieder andere geben Ritualen, Segnungen und Initiationen den Vorrang. All diese Methoden sind gut, nur ihre Vielfalt macht deutlich, wie wichtig es ist, ein umfassendes, alle Aspekte integrierendes Verständnis zu entwickeln und weiterzugeben. Dharma-Studenten könnten glauben, da seien Widersprüche oder Konflikte, wo tatsächlich gar keine sind, wenn sie nicht die enorme Weite der Lehren sowie deren Zusammenhänge und Anwendung kennen und wertschätzen.

In unserer heutigen Zeit, die dazu neigt, Teile statt des Ganzen zu sehen, besteht eine echte Gefahr, dass auch der Buddhismus nur in verschiedenen Teilaspekten verstanden wird. Einige nennen ihn vielleicht ein hochentwickeltes philosophisches System, andere halten ihn für eine Kombination von Übungen mit therapeutischer Wirkung, andere wiederum fassen ihn als ethisch zwingend auf, um Frieden und Gemeinschaftssinn mit der Kultivierung von innerer Heiterkeit und Ruhe zu verbinden. Wieder andere halten den Buddhismus in erster Linie für eine fromme Religion oder für ein System komplexer Rituale, um verschiedene Kräfte und Götter zu erwecken. Letztendlich kann jedoch keiner dieser Aspekte für sich allein stehen. Es ist ganz wesentlich, den Buddhismus in seiner weiten Vielfalt zu begreifen: seine geschichtliche Entstehung, seinen Beitrag zu fast allen Wissensgebieten der Menschheit und den riesigen Umfang seiner Lehren und Übungen. Nur wenn Dharma-Studenten und Ausübende des Buddhismus auf dieser Basis handeln, können sie den Sinn des Dharma ganz verstehen lernen und ihn in seiner vollen Bedeutung an andere weitergeben.

Es beunruhigt mich besonders, dass in Zukunft Studenten, für die der Dharma ganz neu ist, die Gelegenheit haben werden – und auch die Verantwortung dafür akzeptieren – sich mit einem offenen Geist der Tradition des tibetischen Buddhismus zu verpflichten.

Obwohl das Leben in der heutigen Zeit mit den räumlichen Gegebenheiten völlig verschieden von dem Leben ist, das ich als Jugendlicher in Tibet kannte, bedeutet das nicht, dass die traditionellen Formen der Lehren einfach verworfen werden dürfen. Schließlich werden vielleicht neue Wege erschlossen, die besser in die moderne Welt passen, um dem Dharma zu begegnen. Aber jetzt ist es noch zu früh, sich von der Weisheit abzuwenden, die in den von den erleuchteten

Meistern der Vergangenheit überlieferten Lehren und praktischen Übungen verkörpert ist. Wenn neue Studenten zu schnell versuchen, vom Dharma Besitz zu ergreifen und den Dharma nach ihrem eigenen Verständnis zu formen, noch bevor sie echte Verwirklichung erreicht haben, oder wenn sie versuchen ihn für ihre eigenen Zwecke zu nutzen, dann besteht ernsthaft die Gefahr, dass die volle Kraft und Weisheit verloren geht.

Die hier präsentierten Gedanken nähern sich diesen Themen aus verschiedenen Perspektiven. Was sie ausdrücken, hat im Verlauf von zahlreichen Diskussionen mit Freunden und Studenten Form angenommen. Ich habe versucht, auf die am häufigsten gestellten Fragen zu antworten und mich auf die am häufigsten geäußerten Bedenken einzulassen. Ich erwarte nicht, dass alle Leser meinen Worten zustimmen, aber ich hoffe ernsthaft, dass auch diejenigen, die nicht mit mir übereinstimmen, davon profitieren, wenn sie diese Dinge sorgfältig durchdenken.

Tibetischer Buddhismus in der heutigen Welt

Es sind fast vierzig Jahre vergangen, seit der Kommunismus in Tibet die Überhand gewonnen hat und die Tibeter in der religiösen Minderheit sind. Von Padmasambhava vor zwölfhundert Jahren genauso vorhergesagt, haben diese katastrophalen Geschehnisse die tibetische Kultur und die Tibeter selbst einem Druck ausgesetzt, dem nur wenige Menschen in der Geschichte jemals erfolgreich Widerstand geleistet haben. Die Auswirkungen waren schwerwiegend, und zwar sowohl für die Flüchtlingsgemeinschaften in Tibet als auch für den Dharma in der ganzen Welt.

Der Dharma im heutigen Tibet

In den vergangenen Jahren habe ich mehrmals Tibet besucht und gesehen, dass die systematische Zerstörung der Kultur unter chinesischer Herrschaft überall Folgen zeigt. Seit über zwanzig Jahren – länger als eine ganze Generation – war es im Land des Schnees praktisch unmöglich, den Dharma zu praktizieren. Heute sind buddhistische Ausbildung und Praxis in einem gewissen Maß wieder erlaubt, jedoch der zugefügte Schaden kann nicht mehr rückgängig gemacht werden. Einige aus der neuen Generation wollen vielleicht die Tradition ihres Heimatlandes wieder beleben. Aber wie können sie damit auch nur anfangen, wenn ihr Wissen über das Verlorene nur fragmentarisch ist?

Die Besatzungsmächte haben noch mehr als nur Tempel, Klöster und Bibliotheken zu Tausenden zerstört. Wie der ganzen Welt wohl bekannt ist, war es ihr Ziel, den Tibetern die Werte und Kultur der Chinesen aufzuzwingen, gefiltert durch die Ideologie des Kommunismus. Und darin waren sie weitgehend erfolgreich. Die Tibeter halten sich selbst zwar immer noch für Buddhisten, aber sie sind dahingehend systematisch umerzogen und umprogrammiert worden, dass sie die über tausendjährige tibetische Kultur und die damit verbundenen Werte aufgeben. Die Chinesen haben Generationen tibetischer Kinder gelehrt, dass ihr eigenes Erbe korrupt sei und ausgerottet werden müsse. Offensichtlich glauben sie ernsthaft an ihre eigene Propaganda, denn ihr Training hat sie blind gemacht für alle Wohltaten, die die tibetische Gesellschaft ihren Mitgliedern erwiesen hat.

Von ihrer eigenen Kultur geprägt und konditioniert, haben die Chinesen die Tibeter wie unzivilisierte Wilde behandelt, die keinen Respekt verdienen. Sie haben die tibetische Zivilisation und ihre Handelsgüter zerstört, Tibets Bodenschätze ausgebeutet, bedeutende Lamas getötet, und sie üben vollkommene Kontrolle über die Kindererziehung und die Aktivitäten der gesamten Bevölkerung aus. Welche Motivation auch immer dahinter steht, ich glaube, was sie meinem Heimatland und meinen Landsleuten angetan haben, kann niemals gerechtfertigt werden.

Ich habe auf meinen Reisen den Eindruck gewonnen und wurde darin in Gesprächen mit Lamas und einfachen Leuten, die diese dunkle Ära miterlebt haben, bestätigt, dass die Behandlung der Tibeter durch die Han Chinesen einen ungeheuer hohen Preis gefordert hat. Die meisten Tibeter kämpfen heute um das tägliche Überleben. Sie haben keine Vorstellung mehr, was für Menschen spirituell möglich ist. Junge Leute suchen heute keine Inspiration mehr in ihrer Tradition. Sie können nicht verstehen, dass die tibetische Kultur der Welt bedeutende Schätze zu bieten hat. Falls sie genügend Energie haben, sich um mehr als ihre persönlichen Sorgen zu kümmern, dann wollen sie ihr Land modernisieren. Man hat sie gelehrt, dass nach heutigen Maßstäben ihr Land schlecht ausgestattet sei.

Sogar für Menschen, die diese enge, materielle Sichtweise ablehnen, ist es schwierig, sich eine echte Alternative vorzustellen. Sie hoffen vielleicht auf Besserungen, aber sie erwarten sie von außerhalb Tibets: etwa von der tibetischen Exilregierung oder von westlichen Ländern, die sich dafür einsetzen, dass jede Kultur ihr eigenes Schicksal bestimmen kann. Aber inzwischen, nach vierzigjährigem Warten, beginnen auch diese Hoffnungen zu verblassen.

Diese kurze Schilderung mag unangemessen finster erscheinen. Ich hoffe aufrichtig, dass ich mich irre, und ich werde sicherlich weiterhin den Dharma in Tibet nach meinem besten Vermögen unterstützen. Dennoch ist eine wesentliche Lebensform für immer verloren. Tief innen glaube ich nicht, dass sich Tibet jemals wieder von diesen tragischen Geschehnissen der letzten Jahrzehnte erholen kann.

Tibetischer Dharma im Exil

Wenn ich die Situation der Tibeter im Exil betrachte, kann ich direkt aus eigener Erfahrung sprechen. Diejenigen von uns, die ihr Heimatland Ende der fünfziger bis Anfang der sechziger Jahre verließen, kamen fast ohne irgendwelche Besitztümer in Indien und Nepal an. Wir wussten nicht, was die Zukunft uns bringen würde. Indien, obwohl selbst ein armes Land, zeigte sich sehr großzügig, indem es uns aufnahm und unterbrachte. Wir empfanden tiefen Respekt vor Indien als dem Heiligen Land, in dem der Buddha erleuchtet wurde, und waren für seine Freundlichkeit zutiefst dankbar. Doch bald merkten wir, dass wir auf uns allein gestellt waren.

Als wir begriffen, wie groß der unserem Land zugefügte Schaden war, schwand unsere Hoffnung auf eine baldige Rückkehr. Wir mussten uns der Ungeheuerlichkeit und Schwierigkeit unserer Situation stellen. Wie fast alle Flüchtlinge mussten wir uns an eine neue Umgebung, äußerste Armut und an den schmerzhaften Schock gewöhnen, unsere gesamte Welt verloren zu haben. Aber für uns war das Trauma noch schlimmer, denn die Welt, die uns unter den Füßen weggezogen worden war, war von unserer neuen Umgebung nicht nur durch hohe Berggipfel, sondern auch durch eine gewaltige kulturelle Kluft getrennt. Diejenigen unter uns mit klassischer tibetischer Klostererziehung grämten sich bei dem Gedanken daran, dass unser kultureller Schatz und die tiefgründigen Lehren, die uns so teuer waren, vielleicht für immer von der Erde verschwinden würden.

Diese ersten Jahre waren in der Tat sehr schwierig. Heute ist es nicht mehr leicht, sich daran zu erinnern, wie schlecht wir für ein Leben in der modernen Welt vorbereitet waren und wie vollkommen fremd uns die Gesellschaft war, in der wir uns selbst wiederfanden. Viele von uns starben. Entweder wurden sie Opfer von Krankheiten, mit denen der Körper wegen des Klimaschocks nicht fertig wurde, wegen mangelnder medizinischer Versorgung oder weil viele die in der neuen Umgebung nötigen Hygieneregeln nicht verstanden. Andere waren wie gelähmt und gaben auf, gebrochenen Herzens über den Verlust von Freunden, Familie und der eigenen Kultur.

Dennoch – viele von uns gaben nicht auf. Uns wurde klar, dass die Zukunft der Tibeter von uns abhängen könnte. Wir waren entschlossen, Fuß zu fassen, ein gewisses Maß an sozialer Sicherheit zu gewinnen und die Aufgabe in Angriff zu nehmen, unsere Kultur zu erneuern. Die Jungen und Kräftigen unter uns schöpften Hoffnung, die Grundlage für eine neue Lebensform schaffen zu können.

Als ich 1968 Indien verließ, hatte sich die Situation der Flüchtlinge schon deutlich gebessert. Aber in vieler Hinsicht war sie immer noch unsicher. Einundzwanzig Jahre später fand ich bei meiner Rückkehr eine dramatische Veränderung vor. Siedlungen tibetischer Flüchtlinge gedeihen heute relativ gut. Es wurden viele hundert Schulen eingerichtet, ebenso Klöster und Retreat-Zentren, in denen die kulturellen Traditionen erhalten und weitergegeben werden können. Das sehe ich deutlich bei dem alljährlichen Nyingma Monlam Chenmo in Bodh Gayā, wo sich Vertreter von etwa dreihundert Nyingma-Zentren, alle nach 1959 gegründet, versammeln. Zehntausende von Laien haben die Fähigkeiten erworben, die man braucht, um in einer modernen Gesellschaft zu überleben und gut etabliert zu sein. Unter ihnen sind Ärzte, Lehrer, Verwaltungsleute und andere, die modernes Wissen in die Exilkommune bringen.

Der Erfolg der Tibeter im Exil verschaffte Lamas die Mittel und Wege, viel für die Erhaltung ihrer Tradition zu tun. In allen vier Hauptschulen des tibetischen Buddhismus wurden Menschen, die als Kinder aus Tibet geflohen waren, zu Gelehrten und Ausübenden des Dharma ausgebildet. Große Anstrengungen wurden gemacht, um den neuen, im Exil geborenen Tulkus eine solide Erziehung in ihrer eigenen Tradition zu ermöglichen. Tulkus, Khenpos, Dharma-Lehrer, Yogis, Mönche und praktizierende Laien folgen alle dem traditionellen Weg.

Das ist trotzdem nur ein Teil der Geschichte. So großartig das in den letzten Jahrzehnten Erreichte auch ist, vieles von dem, was Tibets Einmaligkeit ausmachte, ist für immer verloren. Es ist mehr, als die Kraft und das Geschick der hingebungsvollsten Mitglieder der Exilkommune wieder beleben konnten. Wenn ältere Tibeter sterben, stirbt eine Art zu leben mit ihnen. Die meisten der heute im Exil lebenden Tibeter haben Tibet nie gesehen und viele der übrigen Flüchtlinge waren zu jung, als sie ihr Land verließen, um sich an die tibetische Zivilisation zu erinnern. Von den noch lebenden Tibetern, die sich erinnern, wie es in Tibet war, hatten nur ganz wenige das Glück, in ihrem Heimatland ein umfassendes Dharma-Training zu erhalten, ein Prozess, der mindestens fünfundzwanzig Jahre oder länger dauert.

In dem Tibet, das ich kannte, hatte jedes Retreat-Zentrum seine eigene Tradition und seine eigene Disziplin. Lamas konnten ihr Leben ganz dem Dharma weihen, gestützt durch eine über Jahrhunderte weitergegebene Tradition. In jedem der religiösen Lern- und Übungszentren widmete sich eine große Anzahl von Menschen mit vollkommener Hingabe intensiven Studien und einer intensiven Praxis. Die meisten Klöster lagen abgeschieden, so dass Mönche, Nonnen und praktizierende Laien kaum Kontakt zur Außenwelt hatten. Andere Mitglieder der Gesellschaft standen in vertrauens- und hingebungsvoller Beziehung zu den klösterlichen Gemeinschaften. Die Wohlhabenden betrachteten es als ein Privileg und eine heilige Pflicht die Sangha zu unterstützen.

Diese Art zu leben gibt es heute nicht mehr. Das Unterrichtsniveau an den neuen Klöstern und Instituten für höheres Lernen in Indien und Nepal mag vielleicht höher sein, aber die Traditionen, die das Dharma-Wissen stützten, haben bei ihrem plötzlichen Zusammentreffen mit der modernen Welt eine tiefgreifende Veränderung erfahren. In den Exilkommunen leben die meisten Nonnen und Mönche in engem Kontakt mit der konventionellen Gesellschaft mit all ihren Zerstreuungen und Versuchungen. In den Laienkommunen werden die Menschen von Medien bombardiert, die Werte propagieren, die der Dharma-Tradition ganz und gar widersprechen. Sie bringen Zerstreuungen und schaffen Spannungen, die früher unbekannt waren. Die Tradition der Sponsoren oder Gönner ist fast ausgestorben, wodurch es für ernsthaft Praktizierende schwierig ist, sich voll den Lehren zu widmen. Durch diese Entwicklungen werden die Bande, mit denen die tibetische Gesellschaft früher zusammengehalten wurde, übermäßig beansprucht. Derartige Veränderungen wiederum wirken sich auf die Qualität der Praxis in der Sangha aus.

Zwei verschiedene Lebensformen

Es ist kaum zu beschreiben, wie grundlegend verschieden die Lebensformen sind, die ich hier vorzustellen versuche. Im alten Tibet vermittelten Lamas und Yogis der neuen Generationen von Praktizierenden, dass Samsara der Feind ist, eine potentiell zerstörerische Falle für jeden, der den Fußstapfen der erleuchteten Übertragungslinie folgen will. Religiöse Übungen und Studien galten als das beste Mittel, um innere Freude zu erlangen. Junge Mönche und Lamas lernten schon, dass wirkliche Zufriedenheit nur erreicht wird, wenn man seine Bemühungen dem Wohle aller Wesen widmet. Texte, die vor zweihundert oder sogar vor zweitausend Jahren niedergeschrieben worden sind, boten noch immer die beste Anleitung, wie man sein Leben führen soll. Es galt als Erfolg, wenn man dem gleichen Ruf folgte, der schon seit Jahrhunderten praktiziert wurde.

In einer Welt, in der die Menschen naturverbunden lebten, nahm die Lehre, dass einst alle Wesen unsere Väter und Mütter waren, eine natürliche Selbstverständlichkeit an. Bei nur wenigen Zerstreuungen und einer Lebensführung, die reichlich Zeit zum Nachdenken, Üben und zur Kontemplation ließ, schien es absolut angemessen, einer Berufung zu folgen, in deren Mittelpunkt die religiöse Praxis stand. Ganz besonders in den abgelegenen Tälern, so wie in jenem, in dem ich aufwuchs, waren die emotionalen Probleme unserer heutigen modernen Welt praktisch unbekannt. Wo auch immer man hinreiste, traf man auf bunte, im Wind flatternde Gebetsfahnen, an Kraftplätzen standen Stupas und andere Monumente. Große Klöster, Tempel und Retreat-Hütten von einsam lebenden Yogis sowie der Klang von Mantras und Zeremonien inspirierten durch ihre Gegenwart. Dharma-Praxis war ein Teil der Natur. Sie verlieh dem Land und allen lebenden Dingen ihre besondere Atmosphäre. In einer derartigen Umgebung entstand mühelos Selbstdisziplin. Es entwickelte sich ein ganz natürlicher Respekt vor Wissen und vor den Übertragungslinien.

In weiten Teilen der tibetischen Gesellschaft, die den Lebensunterhalt für die großen Klöster und für Hunderttausende von hingebungsvoll Praktizierenden trug, war Achtung vor einem vollkommen dem Dharma geweihten Leben allgemein verbreitet. Familien unterstützten freudig ihre Kinder und Geschwister, während diese ihre Studien verfolgten. Diejenigen, die zu guten Vorbildern wurden, indem sie ihr Leben ganz der Praxis und dem Dharma-Studium sowie der Befreiung aller Wesen von karmischem Leid und der Verwirrung in Samsara widmeten, galten als große Helden ihrer Kultur.

Dieses Zusammenspiel der Kräfte hatte eine positive und sich selbsterfüllende Wirkung. Da man Dharma-Praktizierende für gute Beispiele hielt, fühlten sich selbst diejenigen angespornt, auf heilsame Weise zu leben, deren Verständnis und Praxis unvollkommen waren. Was auch immer in ihren Herzen wirklich vor sich ging, sie mussten wenigstens vorgeben, achtsam, mitfühlend und kenntnisreich zu sein. Dadurch wurden Werte wie Fürsorglichkeit und Hingabe gefördert und ein Beitrag zur Stetigkeit und Stabilität der Gesellschaft und der Verbreitung der Lehren geleistet.

All diese Elemente sind in den Exilgemeinschaften nicht mehr vorhanden bzw. haben sich so verändert, dass sie nicht wiederzuerkennen sind. Die Tibeter im Exil leben in einer Welt, in der zahllose Lebensstile und Werte miteinander konkurrieren. Alle Gewissheiten, die einst solide und verlässlich erschienen, können nicht mehr aufrechterhalten werden. In den Exilschulen wird zwar tibetische Kultur und Geschichte gelehrt, dennoch schwindet mit jeder folgenden Generation das Wissen vom einstigen Leben in Tibet, als der Dharma noch alle Aspekte des Lebens beeinflusste. Der neuen Tibeter-Generation, die im Exil geboren ist, fehlt es an direktem Kontakt mit der alten tibetischen Zivilisation. Im Gegensatz zu ihren Eltern spüren sie nicht das persönliche Erlebnis von Verlust, was die Entschlossenheit lebendig erhielt, das Verlorene wiederherzustellen, was einst ihr Eigen war.

Heutzutage gibt es in den Flüchtlingskommunen junge Tibeter, deren Ansichten fast mit denen übereinstimmen, die die chinesische Herrschaft in Tibet einzuführen versucht hat. Sie sind überzeugt, dass ihre eigene Tradition rückständig ist und ihnen nicht das Rüstzeug geben kann, um sich in der modernen Welt zurecht zu finden. Sie lehnen die Früchte der tibetischen Zivilisation – zu Gunsten der neuesten Technologie und der spektakulärsten Unterhaltung – ab. Genau wie andere Menschen sich in alles Moderne stürzen, so wählen sie die Werte Samsaras, ohne die negativen Folgen dieser Wahl zu erkennen. Die traditionellen Lehren könnten ihnen helfen zu begreifen, dass sie jemandem gleichen, der versucht seinen Durst mit Salzwasser zu löschen, wenn sie in dieser Weise handeln. Aber die Grundlage, die ihnen ermöglichen würde, die Lehren zu Herzen zu nehmen, ist unterminiert worden. Heute beginnt sogar die klassische Sprache auszusterben, in der die buddhistischen Texte erhalten sind. Das in den Schulen gelehrte Tibetisch ist so durchsetzt mit neuen Ausdrücken, die gegenwärtigen Trends entsprechend geprägt wurden, dass die Wörter des Dharma und die Bedeutung, die sie einst vermittelten, bald vergessen sein werden.

Anders als die anfänglichen Schwierigkeiten, gegen die die tibetische Flüchtlingsgemeinschaft zu kämpfen hatte, sind diese Veränderungen schleichend und fast unmerklich vonstatten gegangen. Schließlich werden sie einen großen Teil der von Exiltibetern vollbrachten Arbeit unterminieren, denn sie saugen ganz subtil die Vitalität der Tradition aus. Das geschieht in einer Art und Weise, die nur wenigen Menschen auffällt. Ein Zeichen für diese Gefahr ist möglicherweise ein wachsendes Gefühl der Zersplitterung innerhalb der Gemeinschaft. Anfangs fühlten sich alle Tibeter, die der Besetzung ihres Heimatlandes entkommen waren, durch die gemeinsam erlebte Tragödie vereint: Sie arbeiteten alle zusammen zum Wohl des Ganzen. Nach und nach ließ aber dieses Gefühl der Zusammengehörigkeit nach. Zuerst setzten sich die Unterteilungen bei den Schulen durch, dann wurde nach unterschiedlicher geographischer Herkunft getrennt. Inzwischen findet schon eine Unterteilung nach besonderen Persönlichkeitsmerkmalen statt.

Andererseits gibt es auch Anlass zu Optimismus. Die Situation der tibetischen Kommunen in der ganzen Welt wird immer bekannter. Dieses weltweite Bekanntwerden hilft vielleicht den Tibetern, ein Gefühl für ihre eigene gemeinsame Identität und ihr gemeinsames Ziel zu bewahren. Auch haben die Tibeter wohl bemerkt, dass viele Menschen aus den am höchsten entwickelten Ländern sich zum tibetischen Buddhismus hingezogen fühlen. Es ist möglich, dass sie dieses Interesse ermutigt, nach dem Wert ihrer eigenen Tradition zu suchen.

Schließlich wurde seine Heiligkeit, der Dalai Lama, als er vor mehr als zehn Jahren den Friedensnobelpreis erhielt, zum Symbol des Friedens in der ganzen Welt: Seine Botschaft des liebenden Mitgefühls wurde überall positiv aufgenommen. Durch seinen Einfluss werden die Tibeter als ein Volk des Friedens und des guten Willens angesehen. Dieser Umstand knüpft Erwartungen an uns, die vielleicht unsere Handlungen inspirieren. Wir können nur hoffen, dass der unvergleichliche Erfolg seiner Heiligkeit als Repräsentant des tibetischen Volkes in der Weltöffentlichkeit in den kommenden Jahren zur Wiederanerkennung der tibetischen Rechte und ihres Anspruchs auf ihr Heimatland führt, was das tibetische Volk zutiefst ersehnt.

Außerhalb von Tibets Grenzen

Wie auch immer die Auswirkungen für die Tibeter waren, in anderen Teilen Asiens und im Westen hatte die tibetische Diaspora positive Wirkungen auf den Buddhismus. In den Himalayaländern Ladakh, Lahul, Skpiti, Bhutan und Nepal, wo schon früher eine Form des tibetischen Buddhismus praktiziert wurde, hat die Einwanderung tibetischer Lehrer die tibetische Tradition gestärkt und neu belebt. Tibetische Lamas gründeten neue Dharma-Zentren und konnten ihr Wissen an die Studenten dieser Länder weitergeben. Die Gemeinschaft der Lamas war auch in der Lage, zu ähnlichen Gemeinschaften in anderen Kulturen, die der tibetischen Tradition folgten, Beziehungen aufzubauen. Zum Beispiel können sich jährlich beim Monlam Chenmo in Bodh Gayā Lamas und Laien aus vielen Ländern, in denen die Nyingma-Lehren Fuß gefasst haben, versammeln und ihr Vertrauen erneuern. Sie finden dort Inspiration, den Dharma noch stärker in ihren eigenen Ländern zu entwickeln.

Global betrachtet waren die Folgen der tibetischen Diaspora noch dramatischer. Ganz unerwartet hat die in Tibet stattgefundene tragische Zerstörung den Segen des dort praktizierten Dharma über den ganzen Globus verteilt. Die Lehrer, die in den fünfziger und sechziger Jahren geflohen waren, kamen bald in Kontakt mit Menschen, die sich für den Dharma interessierten, so wie er in Tibet praktiziert wurde. Diese Dynamik hat inzwischen zur Gründung von Dharma-Zentren in der ganzen Welt geführt. Als weitere Folge wurden für Dharma-Texte Übersetzungsprogramme in vielen verschiedenen Sprachen ins Leben gerufen.

In Europa, Russland, Nord- und Südamerika, Neuseeland, Taiwan, Malaysia und Singapur ist der Buddhismus bekannt und geachtet. Die Mahāyāna-Lehren haben dort eine aufnahmebereite Zuhörerschaft gefunden. In all den Ländern, in denen die Lehren des Buddha neu sind, sind Stupas gebaut worden. Buddhistische Texte können nun dort studiert werden, Retreat-Zentren und Institute, an denen intensiv studiert und praktiziert werden kann, haben ihre Türen geöffnet. Padmasambhavas Lehren, die in diesen schweren Zeiten so zeitgemäß erscheinen, haben ein besonderes Interesse hervorgerufen.

Heute reisen zahlreiche Lehrer aus Tibet und aus anderen buddhistischen Ländern durch Asien und durch den Westen. Nur eine geringe Anzahl von ihnen hat einen festen Wohnsitz in den neuen Ländern. Tausende von buddhistischen Texten sind veröffentlicht worden: All das ist wie kleine Wellen in einem See, die sich langsam in alle Richtungen ausbreiten. In der ganzen Welt haben Menschen begriffen, dass die buddhistischen Lehren für jeden von Nutzen sein und dass die Themen des Buddhismus universell angewendet werden können.

Natürlich kommen manche Leute anfangs nur aus Neugierde in ein Dharma-Zentrum oder sie hoffen, dort Entspannungstechniken zu lernen bzw. ihre Probleme zu lösen. Selbst wenn ihr Interesse nicht auf fundiertem Wissen beruht und sie nur eine kurze Zeit lang praktizieren, kann sich dies dauerhaft und nutzbringend auf ihr Leben auswirken. Nicht nur, dass es jetzt mehr Buddhisten im Westen gibt bzw. dass der Buddhismus sichtbarer geworden ist oder mehr in Mode gekommen ist, sondern dieses Interesse kann nun stetig wachsen, basierend auf der grundlegenden Einsicht, dass der Buddhismus eine ernsthafte Tradition des Wissens und der Praxis ist. Die Menschen des Westens beginnen gerade zu sehen, wie der Buddhismus ganz neue Wege aufzeigt mit Fragen umzugehen; sie finden außerdem eine breite Palette von Methoden und Perspektiven für persönliches Wachstum und Antworten auf Fragen nach dem Sinn des Lebens oder Anleitungen für einen Weg, um inneren Frieden zu gewinnen. Bei Menschen mit begrenztem Kontakt zu authentischen buddhistischen Lehrern entwickelt sich oft eine echte Wertschätzung. Diese kann zu einem reifen und nützlichen Verständnis führen.

Die Religionsfreiheit in Amerika und vielen anderen Ländern hat diese Veränderungen ermöglicht. Jeder ist hier frei, alte Wege und seinen alten Glauben in Frage zu stellen – ein gewaltiger Kontrast zu dem autoritären System, unter dem die Tibeter zurzeit leben. Die undogmatische Art des Buddhismus verträgt sich gut mit dieser freien Welt.

Als neu eröffnete Dharma-Zentren die Kreise ihrer Studentenschaft erweiterten, hatte dies positive Auswirkungen auf die Gesellschaft als Ganzes. Auf der sozialen Ebene scheint es mehr Mitgefühl für das Leiden anderer zu geben. Auf intellektueller Ebene sind Naturwissenschaftler, Pädagogen, Philosophen und Psychologen gewahr, dass der Buddhismus selbst auf den komplexesten Wissensgebieten viel zu bieten hat und offener gegenüber neuen Ideen und interdisziplinären Methoden ist. Auf persönlicher Ebene erkennen Menschen zunehmend die Wichtigkeit von Übungen wie Achtsamkeit, Meditation, Mitgefühl und liebende Güte. Die Vier Edlen Wahrheiten des Buddha werden angemessen präsentiert, so dass es Menschen aus vielen Lebensbereichen möglich wird, ihre Lebenssituationen ehrlicher und klarer anzuschauen. Schließlich gibt es religiöse Führer in fast allen Traditionen, die offen anerkennen, dass die jahrhundertealte, in buddhistischen Ländern verbreitete Tradition der Erforschung, verbunden mit Weisheit und disziplinierter moralischer Lebensführung, vielleicht ihre eigenen Lehren mit neuem Leben erfüllen kann.

Soll der Dharma wirklich im Westen Wurzeln schlagen, ist folgendes unverzichtbar: Westliche Studenten müssen sich mit der Tradition so gründlich beschäftigt haben, dass deren Schüler wiederum fähig werden den vollen Segen der Lehren zu manifestieren. Obgleich die Zahl der Praktizierenden steigt, ist der Dharma doch noch sehr neu für den Westen. Es klaffen immer noch große Lücken in der Sichtweise und der Art des Verständnisses zwischen den traditionellen Lehrern und ihren Studenten. Die Herzlichkeit ihrer Beziehung könnte das Ausmaß dieser Lücken überspielen. In dieser Situation bleibt die Frage offen: Können die Traditionen wirklich umfassend die besonderen Eigenschaften des Dharma und die Tiefe seiner Bedeutung vermitteln? Oder sind Studenten vielleicht schon mit der äußeren Form des Dharma zufrieden und versäumen dabei, eine tiefe Verbindung mit den Lehren einzugehen, aus der Sinn und Bedeutung erwachsen können?

Den Segen mitteilen: Die zentrale Rolle der Tradition

Es gibt grundsätzliche Unterschiede zwischen dem westlichen Denken und der buddhistischen Art, an fundamentale Fragen heranzugehen, die die Menschheit schon immer beschäftigt haben. Im Gegensatz zur westlichen Philosophie betont der Dharma nicht-begriffliche Formen des Wissens. Anders als westliche Religionen akzeptiert er weder einen Schöpfergott noch eine unveränderliche, unsterbliche Seele. Er besteht darauf, dass wir alle für die Entwicklung unseres höchsten Potentials als Menschen selbst verantwortlich sind.

Anders als in der westlichen Psychologie akzeptiert der Dharma nicht die gewöhnliche Arbeitsweise des Geistes – selbst nicht in ihrer äußerst verfeinerten Form – als die höchste Kapazität des Menschen. Ebenso lehnt der Dharma die scharfe Trennung zwischen Geist und Körper ab. Auch hier sind die westlichen Wissenschaften anderer Ansicht. Der Dharma erklärt uns einerseits, dass die Prinzipien der Kausalität sich weit über das hinaus erstrecken, was die Wissenschaft heute anerkennt: Andererseits erklärt er, dass das Gesetz von Ursache und Wirkung oder Karma nur so lange Gültigkeit besitzt, wie wir an einer bestimmten Sichtweise über das Selbst und die Welt festhalten bzw. die Möglichkeit leugnen, dass es ein auf einem völlig anderen Verständnis beruhendes Wissen gibt. Diese Unterschiede sind wesentlich für Menschen, die sich ein klares Bild von den einmaligen Qualitäten des Dharma machen wollen. Wenn sie das begriffen haben, können sie voll Selbstvertrauen die Lehren, die den Buddhismus zu einem wertvollen Studiengebiet für den Westen machen, anderen erklären.

Die Verbreitung des Dharma vorbereiten

Der Buddha lehrte, dass Samsara – die Art, wie wir gewöhnlich leben – dem Gesetz von Ursache und Wirkung folgt: Solange wir dieses Gesetz nicht verstehen, können wir nicht radikal mit den von uns selbst geschaffenen Mustern des Leidens brechen. Der Buddhismus lehrt, dass man diese Muster identifizieren und durchschauen kann. Dieses Wissen ermöglicht uns dann, die Hauptursache unseres Leidens zu erkennen und Gegenmittel anzuwenden, so wie ein Arzt die geeignete Medizin anwendet, um eine Krankheit zu heilen.

Wenn wir wirkliche und dauerhafte Veränderungen in unserem Leben erreichen wollen, müssen wir nach buddhistischer Ansicht die allgemein verbreiteten Muster erforschen, die unsere Erfahrung bestimmen. Sie gestalten auch die Wirkungsweise unseres Geistes und unser Leben. Als erstes kommt die Erkenntnis, dass Samsara durch Leid und Frustration gekennzeichnet ist und dass die es regierenden Gesetze erbarmungslos unsere tiefsten Sehnsüchte und Wünsche untergraben. Als nächstes erkennen wir, wie Samsara entsteht und wie es durch unsere Handlungen von Körper und Geist geschaffen und erhalten wird. Und wir lernen die Beziehung kennen, die wir zwischen dem Selbst und der Welt herstellen. Wir bemerken, dass wir uns programmiert haben, immer wieder die gleichen Leidenskreisläufe zu wiederholen, und wir stellen fest, dass es zwar leicht ist, sich in Samsara zu verfangen, aber fast unmöglich, ihm zu entkommen. Schrittweise entdecken wir, dass die Lehren des Pratītyasamutpāda (Entstehung in gegenseitiger Abhängigkeit) das nötige Wissen bieten, um für uns ein besseres Programm zu entwerfen, eines, das uns befähigt, den Fallen von Samsara zu entgehen. Wenn wir mit diesem Wissen ausgerüstet sind, können wir die destruktiven Bedingungen ins Gegenteil verkehren und so das Ziel, die Erleuchtung, erreichen.

Nachdem der Buddha in Bodh Gayā unter dem Bodhibaum Erleuchtung erlangt hatte, lehrte er als erstes, wie wir uns aus Samsara befreien können. Im ‚Deerpark' zu Sārnāth lehrte er die fundamentalen Einsichten, die Buddhisten seit 25 Jahrhunderten überall auf der Welt leiten. Später bewies er die Tiefe seiner Verwirklichung durch die profunden Lehren der Prajñāparamitā, die Grundlage der Mahāyāna-Tradition. Diese Werke, von denen viele heute noch vorhanden sind, enthalten eine genaue Landkarte vom schrittweisen Pfad zur Befreiung und Erleuchtung. Die Śāstras (Tradition der Kommentare) von Indien vergrößerten diesen Schatz des Wissens noch. Große Meister erklären darin, wie man die Lehren anwendet und helfen ihre Bedeutung verständlich zu machen. Im Laufe eines Jahrtausends wurden die Śāstras immer weiterentwickelt und verfeinert.

Die Verfügbarkeit der Dharma-Lehren ist für die Menschheit eine kostbare Gelegenheit. Sie zu versäumen, können wir uns nicht leisten. Wir sind vielleicht im Augenblick noch nicht genügend vorbereitet, diese Gelegenheit voll wahrzunehmen, weil es die Begriffe, die genau und treffend den Dharma in westliche Sprachen übersetzen würden, noch nicht gibt. Hier jedoch zeigen sich Ansätze zur Veränderung. Wenn sich in naher Zukunft die Verwirklichung neuer Dharma-Studenten gefestigt hat, entwickeln diese vielleicht neue Wege, wie man den buddhistischen Pfad der modernen Welt in angemessener Form präsentieren kann. Je gründlicher Studenten die Lehren studieren, ihre Bedeutung erforschen und den Pfad, den sie erklären, selbst gehen, desto leichter werden zum Nutzen aller die rechten Bedingungen für die Dharma-Vermittlung geschaffen.

Vertrauen in die Tradition

Heute stehen Menschen, die den Dharma ernsthaft studieren und praktizieren wollen, ungeheuer reichhaltige Mittel zur Verfügung. Überall auf der Welt wurden buddhistische Zentren gegründet und Tausende buddhistischer Bücher veröffentlicht. Eine große Anzahl von Lehrern reist durch die ganze Welt, gibt Belehrungen und erteilt Segnungen. Vor dreißig Jahren waren das Grundvokabular und die Begriffe des Dharma dem Westen noch weitgehend fremd, aber inzwischen sind Wörter wie Karma, Dharma, Mantra, Mandala, Nirwana und Samsara ziemlich bekannt, zumindest in bestimmten Kreisen. Auch beginnt die Denkweise des Dharma Einfluss zu nehmen, so dass die Vision des Buddha mit größerer Genauigkeit kommuniziert werden kann. Für diejenigen, die mit den Lehren in Kontakt kommen, wird es leichter zu erkennen, wie die buddhistische Praxis ihr Leben zu verändern und zu verbessern vermag, ohne allzugroßer Verfälschung ausgesetzt zu sein.

Dieser leichtere Zugang birgt allerdings auch ein beträchtliches Risiko in sich. Jemand mag bis zu einem gewissen Punkt üben und studieren und dann voreilig annehmen, er oder sie habe ausreichend Verständnis entwickelt, um die traditionellen Lehren neu zu interpretieren. Interpretationen der Lehren, ohne dass sie auf einem umfassenden Verständnis beruhen, neigen aber dazu, von den eigenen kulturellen Sichtweisen und von persönlichen Denkmustern gefärbt zu werden. Dadurch kann die wirkliche Bedeutung des Dharma leicht unter einem Wust von Erklärungen und Formulierungen, die nur mit der Sicht der Zuhörerschaft übereinstimmen, verloren gehen. Dieses Risiko besteht insbesondere für diejenigen, die ein persönliches oder berufliches Interesse daran haben, den Dharma zu präsentieren, wie zum Beispiel alle diejenigen, die gerne ‚Lehrer', ‚Meister' oder ‚Professor' sein wollen.

Sicher ist der Dharma nicht Eigentum einer bestimmten Gruppe von Menschen oder eines bestimmten Landes. Jeder ist frei ihn zu studieren oder zu praktizieren. Aber Dharma-Schüler in Ländern, in denen der Dharma noch ganz neu ist, wären schlecht beraten, zu glauben, ihr eigenes Verständnis oder ihre eigenen Interpretationen hätten dieselbe Gültigkeit wie Interpretationen, die von Dharma-Praktizierenden schon seit Jahrhunderten akzeptiert werden.

Die traditionellen Interpretationen gefallen vielleicht nicht jedem, aber das heißt nicht, dass man sie ablehnen sollte. Schüler, die den Dharma so drehen und wenden, wie es ihnen passt, richten mit hoher Wahrscheinlichkeit Schaden an: für sich selbst, für die Tradition und für diejenigen, für die es von Nutzen ist, wenn die innere Bedeutung der Lehren mit Erfolg erhalten und übermittelt werden kann. Wenn der Buddhismus neu interpretiert wird, noch ehe Praktizierende in der Lage sind, den Wert des traditionellen Weges durch ihre eigene Erfahrung zu prüfen, dann kann das eher zu Unwissenheit als zu Wissen führen.

Modernes Denken tendiert oft zu der Annahme, die Vergangenheit habe der Gegenwart sehr wenig zu bieten. Die neuesten Ideen werden für die besten gehalten. Dharma-Studenten, die diese Sichtweise teilen, neigen zu der Ansicht, viele traditionelle Lehren seien für eine andere Zeit und einen anderen Ort bestimmt und darum heute ohne Bedeutung. Sie behaupten zum Beispiel, gewisse Aspekte der Lehren seien unnötig komplex, übertrieben wissenschaftlich und kulturabhängig.

Diese Denkweise führt, auf den Dharma angewandt, bald zu Verwirrung und Verzerrung. Selbst Menschen, die vom großen Wert des Dharma überzeugt sind, könnten ihn unbeabsichtigt verdrehen, um ihre eigenen Ideen und Werte zu bestätigen oder ihrer eigenen Sache zu dienen. Viele, die am eifrigsten sind, Techniken und Ideen vom Buddhismus zu übernehmen, sind nicht bereit, sich auf die Tradition mit ihren eigenen Bedingungen einzulassen. Wie schade, wenn durch derartige Einstellungen die Landkarte der spirituellen Verwirklichung, die die Schriften in so schönen Details darstellen, verworfen oder sogar radikal verändert wird.

Wenn Schüler versuchen die Lehren zu benutzen, anstatt ihnen mit Respekt zu folgen, dann unterminieren sie unwissentlich die Kraft der Lehren. Dadurch gehen vielleicht die Menschen, die im Dharma Führung suchen, enttäuscht und desillusioniert wieder weg und verpassen so eine wunderbare Gelegenheit ihr Leben zu ändern.

Es scheint für jemanden, der völlig im rationalen Denken gefangen ist, wie das bei den meisten Menschen des Westens im allgemeinen der Fall ist, eine einfache Entscheidung zu sein, welche Lehren Wert haben und welche man ablehnen kann. Diese Unterscheidungen sind jedoch das Produkt eines wählerischen und begrenzten Umgangs mit Wissen. Wie immer wieder in der Geschichte festzustellen ist, haben besonders Menschen aus dem Westen die Neigung, Wissen, das sie nicht verstehen, abzulehnen. Sogar wenn Menschen auf vielen anderen Gebieten die Begrenztheit wissenschaftlicher Methoden erkennen, werden sie immer noch auf einer subtilen Ebene von den in der Wissenschaft aufgestellten Wahrheitskriterien geleitet. Anstatt rational im Sinne von weise, vernünftig, sensibel und gründlich zu sein, halten sie weiterhin an Vorstellungen von Rationalität fest, die nicht auf den spirituellen Weg anwendbar sind. Indem sie sich auf bekannte Wissensmuster verlassen, wählen sie einen Kurs, der eher zur Verdunklung von neuem Wissen führt als zur Erhellung.

Da diese Tendenzen so subtil und schwierig zu fassen sind, ist Vorsicht geboten, bevor man traditionelle Lehren verändert oder zurückweist. Worte und Bedeutungen kann man immer verdrehen, aber Karma nicht. Wir haben einen wirklich einfältigen Kurs eingeschlagen, wenn wir nach unserem eigenen Gutdünken handeln und dabei genau die Lehren aufgeben, die uns über uns selbst und unsere Grenzen hinaus getragen hätten.

Wenn Menschen aus dem Westen ernsthaft eine eigene, zuverlässige Form des Buddhismus haben wollen, dann müssen sie sich zu ausgedehnten Studien entschließen und sich erst einer intensiven Praxis der Tradition widmen. Sie müssen durch ihre eigene Erfahrung und ihre eigenen Reflektionen die innere Bedeutung der Lehren, die Besonderheit der Sprache in den Texten und die Kraft der Symbole und Rituale erfahren. Solange das nicht geschieht, ist es besser, bei der Tradition zu bleiben, so wie sie uns, im Wesentlichen unversehrt, überliefert wurde.

Der Stellenwert von Initiationen und Ritualen

Viele Menschen, die sich zum tibetischen Buddhismus hingezogen fühlen, interessieren sich ganz besonders für Rituale und Initiationen, die sie mit dem esoterischen Aspekt der Lehren assoziieren. Sie haben vielleicht ein bisschen über Tantra gehört, wenn sie an tibetischen Zentren erscheinen oder Belehrungen beiwohnen, oft mit dem einzigen Ziel, Initiationen und Ermächtigungen von Lamas zu erhalten, die sie sonst kaum kennen. Meine Freunde und Studenten haben dies beobachtet und fragen mich oft, warum ich keine Initiationen gebe.

Manchmal wird die Frage anders formuliert: Ist es deiner Meinung nach sinnvoll, dass neue Dharma-Studenten ohne weitere Vorkenntnisse an Ritualen teilnehmen?

In Tibet gibt es klare Umstände, unter denen Initiationen gegeben werden können. Einige einfache Zeremonien werden als Segnung oder für ein langes Leben abgehalten. Abgesehen davon werden dem Initianden mehrere spezielle Arten der Vorbereitung oder Gelübde abverlangt. Zunächst sind einmal in allen vier Schulen des tibetischen Buddhismus die Initiationen, die die vier ‚Abhisekas' (Weihen) einbeziehen, nur für Anwärter offen, wenn diese genau definierte vorbereitende Übungen abgeschlossen haben. In der Nyingma-Schule bedeuten diese vorbereitenden Übungen, dass die ‚Bum-lnga', die fünf ‚hunderttausend Übungen', beginnend mit hunderttausend Niederwerfungen, abgeschlossen werden. Zweitens musste sich jeder Initiand vorher damit einverstanden erklären, für den Rest seines Lebens die mit der Initiation verbundenen Übungen täglich zu praktizieren. Diese Bedingung erweckt die Kraft der Initiation als Hilfe für die Entwicklung von Śamathā (Ruhe) und Vipaśyana (klare Einsicht). Insbesondere galten die Hauptübungen des Mantra und der Visualisation als Eintrittspforte zu höheren Samādhis, so dass ein schnellerer Fortschritt auf dem Weg zur Realisation erreicht werden konnte. Schließlich legte der Initiand gewisse für das Mantrayāna typische Gelübde ab.

Die vierzehn grundlegenden Gelübde des Mantrayāna erwecken die Kraft von Kāya, Vācā und Citta, von Körper, Rede und Geist der Erleuchteten. Diese Gelübde galten als viel verpflichtender als diejenigen, die ein Mönch bei seiner Ordination ablegt. Sie zu brechen oder die Übungen nicht fortzuführen, schadet sowohl dem Initianden als auch dem Lehrer. Deshalb war es für den Initianden ganz wichtig, ein klares Verständnis davon zu haben, was eine Einweihung alles beinhaltete. Er musste den festen Entschluss gefasst haben, alle Verpflichtungen einzuhalten, anderenfalls würde die Kraft der Initiation verloren gehen und es könnten sehr negative Folgen auftreten.

Die moderne Welt hat kein rechtes Verständnis für solche traditionellen Schutzmaßnahmen. In ihrem Enthusiasmus können Studenten, für die der Dharma neu ist, oft nicht sehen, wie wichtig derartige Maßnahmen sind. Im Vertrauen auf ihre eigenen guten Absichten nehmen sie die Warnungen der Texte nicht ernst, dass selbst der Bruch eines einzigen Gelübdes oder das Nichteinhalten einer Verpflichtung schwerwiegende Auswirkungen haben kann. Ohne mit der Veränderlichkeit des Geistes vertraut zu sein, übernehmen sie Verpflichtungen, die sie später nicht einhalten können oder wollen. Das Schlimmste ist jedoch, wenn Studenten – und ich kenne selbst einige – an Initiationen teilnehmen, ohne deren Wesen und Sinn zu begreifen und erst nachher erfahren, dass sie ernsthafte Verpflichtungen eingegangen sind. Wenn sie diese dann nicht einhalten, ist es ihre eigene Verantwortung.

Die Wichtigkeit von Einschränkungen und Erfordernissen, die im tibetischen Buddhismus mit ritueller Praxis verbunden sind, lassen sich auf rationaler Ebene nur schwer erklären. Einsicht hängt direkt von Verwirklichung ab und kann nicht schnell von jemand anderem vermittelt oder verliehen werden. Das ist ein Grund, warum jemand, der initiiert werden möchte, zuerst die vorbereitenden Übungen machen muss. Durch diese Vorbereitung entsteht Respekt vor der Bedeutung der Initiation, bei der schließlich die zentralen Lehren einer Erleuchtungslinie weitergegeben werden. Obwohl Menschen des Westens manchmal glauben, ihre Situation sei außergewöhnlich und gestatte es ihnen, die traditionellen Praktiken, dem Dharma zu folgen, außer Acht zu lassen, haben die formalen Schutzmaßnahmen doch einen Sinn. Sowohl

Studenten als auch der Lehrer sollten dies sorgfältig erwägen, bevor sie entscheiden, sie zu übergehen.

Wenn Dharma-Studenten die Initiationen nach sorgfältiger Vorbereitung erhalten und dann unter der Führung eines qualifizierten Lehrers praktizieren, enthüllt sich schrittweise von selbst die innere Bedeutung der Lehren. Das Einhalten der Gelübde unterstützt den Prozess, der zu immer tieferer Einsicht führt. Dadurch wird der Praktizierende vor dem Zugriff von Karma und Kleśa beschützt. Wenn Studenten diese gründliche Vorbereitung auslassen, fehlt ihnen dieser Schutz.

Traditionellerweise waren Initiationszeremonien Gelegenheiten, um besondere Kräfte zu übertragen, ähnlich den uralten Krönungszeremonien, bei denen der Prinz zum Herrscher des Königreiches aufstieg. Die Übertragung von besonderen Kräften bedeutet auch eine Transformation für den Initianden. Er tritt durch die Einweihung in eine wahrhaft andere Welt ein. Diese untersteht anderen Regeln, ja sogar einer anderen Logik. Wer wird überhaupt noch merken, was alles verloren ist, wenn diese transformierende Kraft verwässert wird, so dass sich durch die Einweihung die Bedingungen nur dem Wort nach ändern?

Die moderne Lebensauffassung ermutigt Neuerungen und Experimente. Das scheint für viele Bereiche von Vorteil zu sein. Initiationen wirken jedoch auf einer symbolischen Ebene, die den Initianden mit der erleuchteten Übertragungslinie verbindet. Wenn sie einmal ausgeführt sind, können symbolische Handlungen nicht mehr rückgängig gemacht werden. Aber Experimentieren unterstützt nicht die Logik, die den symbolischen Handlungen Zusammenhang und Bedeutung verleiht. Wenn Leute wachsenden Verpflichtungen widerstreben und sich einbilden, sie würden den Dharma praktizieren, tun sie es dann wirklich?

Beim Nachdenken über diese Themen wird klar, dass der Lehrer die Hauptverantwortung trägt, denn vom Schüler kann man nicht erwarten, dass er begreift, was auf dem Spiel steht. Es kann auch nicht erwartet werden, dass der Schüler ernsthaft darüber nachdenkt, ob eine Initiation für ihn ein geeigneter Schritt ist, wenn der Lehrer den Schüler nicht sorgfältig vorbereitet, wenn er den Hintergrund der Initiation, das Wesen der einzugehenden Verpflichtung sowie die Bedeutung der Gelübde nicht erklärt. In den Texten steht es ganz deutlich: Wenn der Schüler einmal die Gelübde und Verpflichtungen einer Initiation eingegangen ist, dann gibt es keinen einfachen Weg, sie wieder zurückzugeben.

Es gibt Stimmen, die behaupten, es gäbe gute Gründe, die traditionelle Weise zu ändern und die traditionellen Schutzmaßnahmen zu lockern. Vielleicht ist es ja wirklich nicht realistisch, im jetzigen dunklen Zeitalter, dem Kaliyuga, in dem alles von Wert im Verfall begriffen ist, auf den formalen Forderungen für eine Initiation zu beharren. Die Übertragungslinien sind selbst in Gefahr, vielleicht sogar im Begriff völlig zu verschwinden. Mantrayāna-Übungen sind in viele fremde Länder eingeführt. Einige behaupten, unter diesen besonderen Umständen sei es vielleicht angebracht, eine Initiation so zu behandeln, als ob es eine einfache Segnung sei und nicht eine Abhiseka (Kraftübertragung).

Ich bin dessen nicht so sicher. Ehe man diese Argumente akzeptiert, müsste man gründlich in den Texten nachforschen – und es gibt Tausende, die Initiationen kommentieren – um zu sehen, ob es irgendeine Autorität gibt, die für die Lockerung der altehrwürdigen Schutzmaßnahmen unter besonderen Bedingungen eintritt. Eine solche Unterstützung durch eine Autorität würde die Bedenken zerstreuen, dass eine Änderung den Niedergang des Dharma beschleunigen könnte, anstatt seine Verbreitung zu unterstützen.

Es gibt eine tibetische Geschichte über einen ‚Lama', der einem reichen Gönner sehr seltene und fortgeschrittene Belehrungen gab. Der Gönner bezeugte seinen tiefen Dank, brachte Opfer dar und lobte den Lehrer. Der ‚Lama' antwortete: „Du bist auch des Lobes würdig, weil du ein großer Gönner des Dharma bist. Deshalb habe ich dir diese Belehrungen gegeben, obwohl ich selbst ihre Linie nicht halte und ihre Bedeutung nicht verstehe." Ich befürchte, dass ähnliche Situationen auftreten könnten, wenn das Mantrayāna in neue Länder eingeführt wird.

Wenn ein Lehrer beabsichtigt, eine Initiation einfach als zeremonielle Segnung zu geben, dann sollte er die Schüler darauf hinweisen, weil sie anderenfalls unrealistische Erwartungen haben und enttäuscht sein könnten. Sie müssen wissen, dass sie ihren Teil dazu beitragen müssen, um die Unterweisung zu aktivieren, sonst weisen sie am Ende der Übertragungslinie oder dem Dharma die Schuld zu, wenn Schwierigkeiten bei ihrer Praxis auftreten oder wenn sich keine Fortschritte zeigen.

Initiationen können tief inspirierend sein für einen Studenten, der aufrichtiges und festes Vertrauen in den Dharma, eine starke Verbindung zur Übertragungslinie und tiefes Mitgefühl für andere entwickelt hat und der ohne Zweifel ist. Dann bilden Initiationen die Grundlage für einen Weg der Praxis, der über eine lange Zeit heranreifen kann. Wenn der Schüler kontinuierlich durch einen qualifizierten Lehrer unterstützt wird, der auch gewillt ist, seine Praxis und seine Reifung zu überwachen, dann hat er von der Initiation wirklichen Nutzen. Wenn aber all diese Elemente fehlen, dann ist diese Art und Weise, den Pfad zu betreten, vielleicht nicht geeignet.

Es gibt viele wichtige buddhistische Unterweisungen – unabhängig von Initiationen und esoterischen Lehren. Sie können ohne Bedenken an jeden Menschen weitergegeben werden. Zum Beispiel: Zuflucht nehmen zu Buddha, Dharma und Sangha, Meditation erlernen, Mantras singen, die vorbereitenden Übungen machen oder die Vier Gedanken, die den Geist zur Befreiung bringen, kultivieren. Alle diese Methoden stabilisieren und beruhigen den Geist, gewähren Zugang zum Dharma und können das gewöhnliche Bewusstsein beträchtlich verändern. Die ‚Bodhicaryāvatāra ‚Kun-bzang Blama'i Zhal-lung' und ‚Path of the Hero' wie auch andere Śāstras und Abhidharma-Lehren könnten für jeden Menschen zutiefst aufschlussreich sein.

Für Studenten, die einen starken Wunsch nach traditionellen Initiationen haben, gibt es viele Gebete und Meditationen, für die die Hörlinie zur Verfügung steht, sowie ein oder zwei grundlegende Praktiken, wie zum Beispiel das Guru Yoga. Diese Gebete und meditativen Übungen wie auch Praktiken, die sich auf den Buddha, auf Guru Rinpoche, Avalokiteśvara oder Mañjuśrī beziehen, sind vollkommen ausreichend, um Einsicht, Weisheit und Mitgefühl zu entwickeln. Man kann wirklich behaupten, dass der Buddhismus allen Menschen etwas anbieten kann.

Die mit der Tradition Vertrauten unter uns haben eine besondere Verpflichtung, andere über die Kraft und den Wert dieser fundamentalen Übungen und Lehren, die zum Nutzen aller da sind, aufzuklären. Wenn uns das gelingt, wird vielleicht die Faszination gegenüber Initiationen und Ritualen, die es offenbar in bestimmten Kreisen gibt, nachlassen zu Gunsten einer ausgeglicheneren Sichtweise.

Rituale in die richtige Perspektive rücken

In der traditionellen buddhistischen Praxis gehen devotionale Praktiken, Vertrauen und ergreifende Liturgie Hand in Hand mit sorgfältiger, analytischer Erforschung und tiefgehender Einsicht. Rituale werden nicht zum Selbstzweck oder um der ihnen zugeschriebenen Kräfte willen ausgeführt, sondern sie sind integriert in meditative Praxis und in rigoroses intellektuelles Studium, so dass dies alles ein einheitliches Ganzes wird.

In Ländern ohne eine echte Dharma-Tradition fehlt eben dieser alles umfassende Rahmen. Mir sind Menschen begegnet, die sich aufrichtig zum Dharma hingezogen fühlten und dabei glaubten, es käme bei der Ausführung der Rituale auf die dabei ausgelösten Empfindungen an. Aber das Gefühl von erhöhter Achtsamkeit und die guten, möglicherweise mit den Ritualen einhergehenden ‚good vibes' sind absolut nicht das wesentliche Element dieser Übungen. Der Buddha hat selbst davor gewarnt, sich auf Rituale als Ersatz für Verwirklichung zu verlassen. Diese Warnung scheint mir gerade in unserer heutigen Zeit angebracht.

Wertschätzung für gehobene Gefühle kann sehr positiv sein. Aber wenn Menschen sich auf den spirituellen Unterhaltungswert ihrer Praxis verlassen, um ihre eigene Motivation aufrecht zu erhalten, dann verkaufen sie den Dharma zu billig. Wenn ihre positiven Gefühle nachlassen, was garantiert geschieht, dann ist ihre Verwurzelung mit den Lehren wahrscheinlich nicht stark genug, um ihnen genügend Rückhalt zu geben. Wenn eine ganze Gemeinschaft diese Art der Motivation für wichtig erachtet, dann fühlen sich die Menschen fehl am Platz, die in guter Absicht kommen und in den Lehren Klarheit und Einsicht suchen. Wahrscheinlich werden sie sich unzufrieden und sogar enttäuscht wieder abwenden.

Wenn Dharma-Schüler lernen, die philosophischen und psychologischen Einsichten, die Ritualen ihre innere Bedeutung verleihen, wertzuschätzen, dann werden Übungen wie Pujas (rituelle Zeremonien) und Initiationen als das angesehen, was sie wirklich sind, nämlich Einladungen in das Mandala der Verwirklichung einzutreten, und zwar durch Handlungen, die die Weisheit von Körper, Rede und Geist integrieren. An diesem Punkt fügt das Ritual eine neue Dimension zur erleuchteten Verwirklichung, indem es eine kraftvolle Methode anbietet, um die Grenzen des gewöhnlichen Geistes zu überschreiten. Im Augenblick muss im Westen noch der Hintergrund geschaffen werden, der ein Verständnis der wahren Bedeutung von Ritualen möglich macht. Das Vokabular steht noch nicht zur Verfügung, die durch die Rituale erweckten Symbole werden kaum verstanden, und die innere Einstellung, die die tiefere Bedeutung des Vollzugs der Rituale enthüllen würde, ist noch nicht voll entwickelt.

Intellektuelle Einsicht und religiöse Hingabe werden in der heutigen Kultur des Westens seit sehr langer Zeit als etwas Verschiedenes betrachtet. Die meisten Menschen finden es ganz normal, beides getrennt zu sehen. Ernsthafte Dharma-Studenten mit einer tiefen Verbindung zu den Lehren haben diese Denkweise angenommen. Aber das gibt ihr noch keine Rechtfertigung. Wir müssen uns der Aufgabe stellen, wiederzuentdecken, wie man Rituale, meditative Klarheit und analytisches Erforschen miteinander verbinden kann. Bis das geschehen ist, sollten wir vielleicht Ritualen, wie z. B. Initiationen, keine zu große Bedeutung beimessen. Selbst dann nicht, wenn sie uns als ein eisenhartes Bindeglied zur Tradition erscheinen. Ritual allein, ohne Analyse und meditative Erforschung ist, als ob man Poesie aus einer fremden Sprache übersetzt. Die reichen Dimensionen von Sinn und Bedeutung werden dabei nur angedeutet, falsch interpretiert und unterbewertet.

Das heißt noch nicht, dass ein Weg mit Bestimmtheit besser ist als ein anderer. Der Buddhismus trifft auf neue Kulturen, die kaum auf ihn vorbereitet sind. Es ist notwendig, auf die gegebenen Umstände zu reagieren bzw. Lehren und Methoden jeweils entsprechend anzupassen. Samen, in den Boden einer neuen Kultur gelegt, werden wohl einige gesunde Keimlinge hervorbringen. Wenn man diese Keimlinge gut hegt und pflegt, könnten sie schließlich reiche Frucht tragen. Mein Gefühl ist, dass wir dabei vorsichtig vorgehen müssen, und das ist genau der Kurs, den wir in unserer eigenen Gemeinschaft bis heute verfolgt haben. Wenn wir zu frei experimentieren, könnte die Integrität und die Kraft des Dharma Schaden nehmen. Das wäre ein zu hoher Preis. Ich hoffe, dass die fortgeschrittenen aktiven Meister unserer Zeit diese Themen weiterhin gründlich reflektieren und die karmischen Konsequenzen jedes Handlungsverlaufes gründlich abwägen, ehe sie sich für weitere Schritte entscheiden.

Es gibt noch einen weiteren Grund, warum Rituale mit besonderer Vorsicht zu handhaben sind. Das Wohlwollen, mit dem der Buddhismus von modernen Gesellschaften aufgenommen wurde, zeigt einen gewissen Mangel an Verständnis. In der heutigen modernen Welt wird die Macht von Karma und Kleśas weder bezweifelt noch hinterfragt. Wie kann man wirkliche Wertschätzung für die Lehren erwarten, die als ihr Gegenmittel dienen, wenn Fragen nach dem Sinn der menschlichen Existenz im Allgemeinen abgelehnt werden als etwas, das nur für Faule und chronisch Unzufriedene interessant ist? Wie kann da eine Tradition respektiert werden, die derartige Fragen in den Mittelpunkt stellt?

Bei dem Mangel an Verständnis, der immer noch die Einstellung westlicher Menschen zum Buddhismus charakterisiert, wäre es ein Fehler, zu viel in die freundliche Haltung vieler Menschen dem Buddhismus gegenüber hineinzuinterpretieren. Ich habe das Gefühl, dass Naturwissenschaftler, leitende religiöse Persönlichkeiten und nachdenkliche Menschen aus allen möglichen Berufen den Buddhismus nur bis zu einem gewissen Punkt als eine friedliche, tolerante, ethisch ehrenwerte Tradition willkommen heißen. Über diesen Punkt hinaus haben sie die Tendenz, die höchste Bedeutung des Buddhismus abzulehnen. Diese skeptische Einstellung führt sogar manchmal zu einer regelrecht feindlichen Haltung.

Wenn diese Menschen Rituale für etwas Ähnliches wie Götzenverehrung halten oder als Aberglauben betrachten, dann schadet das der Sache des Dharma. Wenn sie Rituale als eine mehr exotische Version des dogmatischen Glaubens ansehen, den viele Menschen des Westens in ihrer eigenen religiösen Tradition abgelehnt haben, schließt sich die Tür, durch die Wertschätzung für die Besonderheiten der Lehren des Buddha Einlass finden könnte. Menschen, die behaupten, Einweihungen in die höchsten Lehren erhalten zu haben und keinerlei Qualitäten aufweisen, die mit größerer Realisation einhergehen, geben Wasser auf die Mühlen derer, die die Bedeutung und den Wert der erleuchteten Linie gering schätzen.

Bei denen, die sich zum Dharma hingezogen fühlen, löst ein zu starker Fokus auf Initiationen und andere Rituale ganz andere Bedenken aus. Jeder, der glaubt, die Teilnahme an bestimmten Initiationen oder besondere Unterweisungen würden schnellen spirituellen Fortschritt garantieren, wird fast mit Sicherheit enttäuscht werden. Wenn solche Menschen die eingegangene Verpflichtung leicht nehmen und sie dann aufgeben, ohne sich über die Konsequenzen Gedanken zu machen, fügen sie ihrer eigenen Verbindung zum Dharma Schaden zu und tragen dazu bei, wenn auch unbewusst, die Tradition zu schwächen.

Trotz dieser Bedenken hoffe ich, dass Dharma-Schüler wenigstens gründlich über ihre Verantwortung aufgeklärt werden, wenn sie Initiationen beiwohnen oder andere traditionelle Lehren erhalten. Ich hoffe, dass sie, wenn möglich, zu

Beginn des Trainings eine umfassende und zusammenhängende Einführung in den Dharma erhalten. Wenn sie erst einmal Rituale als Mittel, andere Aspekte der Lehren zum Ausdruck zu bringen und zu stärken, wertschätzen und wenn sie besser verstehen, was die Lehren alles umfassen, um die Dynamik des buddhistischen Weges zu aktivieren, dann können sie für sich selbst bestimmen, wie sie ihre Praxis gestalten wollen. Ich habe versucht diese Regeln zumindest für die Mitglieder unserer eigenen Gemeinschaft zu befolgen.

Gedanken zur Wiedergeburt

Als Dogmen verstanden, können die buddhistischen Lehren über die Wiedergeburt für westliche, am Dharma interessierte Menschen zu einem Stein des Anstoßes werden. Geschichtlich betrachtet akzeptierten schon Plato und andere westliche Denker die Realität der Wiedergeburt. Sogar im Christentum glaubten viele der frühen Kirchenväter, dass ein Individuum mehrmals geboren werden kann. Obwohl das Thema Wiedergeburt heutzutage als Randerscheinung betrachtet und im Allgemeinen von den meisten konventionellen Denkern nicht akzeptiert wird, gibt es eigentlich keinen offensichtlichen Grund dafür. Wenn menschliche Wesen – wie die meisten westlichen Religionen lehren – die Kraft haben, nach dem Tod in den Himmel einzugehen, warum sollten sie dann nicht die Kraft haben, neu geboren zu werden?

Im Buddhismus ist die Lehre von der Wiedergeburt ein Kernthema. Sie zu akzeptieren und über ihre besondere Bedeutung nachzudenken, legt die Grundlage für Mitgefühl und für die aus Mitgefühl resultierenden erleuchteten Handlungen. Sogar für Menschen, die die Wichtigkeit der Wiedergeburt für ihr spirituelles Wachstum noch nicht erkannt haben, wird diese Lehre einleuchtend, sobald sie sich über die Macht des Geistes klar werden. Zum Beispiel können sich die meisten Menschen an Zeiten erinnern, wenn ein starkes Erlebnis am Tag den Inhalt ihrer Träume in der Nacht beinflusst hat, manchmal sogar noch Monate nachher. Auf die gleiche Art und Weise könnten Erfahrungen in diesem Leben das Bewusstsein im nächsten Leben mitformen. Es scheint auch möglich, dass Muster, die im Geist entstanden sind, sich im nächsten

Leben fortsetzen können, selbst wenn die physische Kontinuität, die ein einzelnes Leben charakterisiert, endet. Es ist wie bei jährlich wiederkehrenden Pflanzen in einem Garten: Sie sterben ab und wachsen dann im folgenden Jahr wieder neu. Verschiedene Lebensformen können also entstehen und aufeinander folgen, ohne von derselben physischen Form abzuhängen.

Die Fähigkeit des Geistes, sowohl die Realität des Wachzustandes als auch die davon ganz verschiedene Realität des Traumzustandes aufrecht zu erhalten, gibt uns einen Hinweis auf seine bemerkenswerte Kraft. Vom buddhistischen Standpunkt aus ist der Geist die Grundlage für beides: für Samsara und Nirvana. Er ist der Boden, in dem Karma und die positiven Qualitäten des menschlichen Geistes (spirit) Wurzeln schlagen können. Der Geist, der in Samsara operiert, hat eine bestimmte Qualität, aber die Natur des Geistes, der sich auf dem Pfad entwickelt, ist ganz verschieden davon, und der Geist der Erleuchtung ist wiederum ganz anders.

Im Allgemeinen beschränken wir unser Verständnis vom Geist auf die Art und Weise, wie er funktioniert, wie er Gedanken und Bilder produziert und verarbeitet und in Handlung umsetzt. Es gibt aber tiefere und geheimnisvollere Ebenen des Geistes. Wir können lernen in der Meditation Zugang zu ihnen zu erlangen. Hierbei gibt es eine ganz bestimmte Reihenfolge. Sobald der meditierende Geist seine gewöhnlichen Muster aufgibt, wird er zur Meditation. Danach wird er Prajñā oder transzendente Weisheit. Schließlich wird er allwissend – das ist der erleuchtete Zustand.

Diese breitere Sicht auf die Möglichkeiten des Geistes hilft uns zu erklären, warum die meisten von uns sich nicht an frühere Leben erinnern können. Im Bardo, dem Zustand zwischen einem Leben und dem nächsten, ist das Bewusstsein völlig verschieden von dem, was wir gegenwärtig kennen. In den neun Monaten, die wir im Mutterleib zubringen, ist es wieder anders. Während wir uns durch diese anderen Wirklichkeiten bewegen, ist selbst der Rhythmus der Zeit verwandelt. Alles, was vorher war, tritt zurück in Dunkelheit, etwa so wie ein Träumender sich nicht an die Wirklichkeit seines Wachzustandes erinnern kann.

Der Geist und die objektive Realität

Das Hauptargument gegen Wiedergeburt ist, dass der Geist vom Gehirn und vom physischen Körper abhängt, so dass er nicht weiter funktionieren kann, wenn dieser Körper stirbt. Diese Ansicht beruht allerdings auf ganz bestimmten Annahmen über die Beziehung von Geist und Realität, wobei diese Annahmen vielleicht nur von einer bestimmten Sichtweise aus stimmen.

Wir sind daran gewöhnt, den Geist für den subjektiven Kenner einer unabhängigen, objektiven Welt zu halten, die wir mittels unserer Sinne wahrnehmen. Es ist dieser subjektive Geist, der an den Körper gebunden zu sein scheint. Wenn wir aber Wissen von der objektiven Welt nur durch geistige Prozesse gewinnen können, woher können wir dann wissen, dass diese objektive ‚Wirklichkeit' vor dem Geist oder unabhängig von ihm existiert hat? Wenn wir diese Vorbedingung loslassen und uns ansehen, was wir wirklich erfahren, dann erkennen wir, dass die Unterscheidung zwischen subjektivem Geist und objektiver Wirklichkeit selbst eine Konstruktion des Geistes ist. In unserem gewöhnlichen Verständnis gehen unverarbeitete Sinneswahrnehmungen der geistigen Verarbeitung voraus. Im Gegensatz dazu macht der Geist aber von vornherein seine Interpretationen. Nur wenn diese in den Prozess der Wahrnehmung mit einfließen, wird die objektiv sichtbare Welt für den subjektiven Wisser als solches erkennbar.

Noch ehe die Strukturen von Subjekt und Objekt erfasst werden, wird der Geist nur vom Geist selbst gelesen, in einem endlosen Kreislauf. Das sich so Zeigende ist die wahrgenommene Welt zusammen mit demjenigen, der sie wahrnimmt. In diesem sich selbst reflektierenden System offenbart sich die ‚objektive Wirklichkeit´ selbst, diese Wirklichkeit ist der physische Bereich, zu dem der Körper, nicht jedoch der Geist gehört. Auf diese Weise kann sich niemals vom identifizierenden Geist unabhängig eine besondere Version von dem bilden, was als wahr und wirklich zählt. In allem, was sich als unsere ‚objektive Wirklichkeit´ entfaltet, stellt sich auf magische Weise der Geist in unendlich sich selbst manifestierenden und sich selbst unterhaltenden Wechselwirkungen dar. Weil das so ist, ist es eine grobe Vereinfachung zu behaupten, der Geist sei vom Körper abhängig.

Das gewöhnliche Bewusstsein wird trotzdem immer noch den Geist für etwas mit dem Körper Verbundenes halten, denn für dieses Bewusstsein gilt die Polarität zwischen Selbst und Welt als gegeben. Von Anfang an haben wir dies so interpretiert und auch danach gehandelt. Jetzt sind wir durch frühere Interpretationen und Reaktionen so konditioniert, dass wir weiterhin diese polarisierende Sichtweise beibehalten. Wenn wir das traditionelle Bild vom Rad des Lebens als Modell für dieses konditionierte Handeln zugrunde legen, dann könnten wir die Muster, durch die der Geist einen subjektiv Wissenden und eine von diesem erkannte Welt projiziert, als Speichen dieses Rades betrachten. Wir könnten erkennen, wie diese Muster durch frühere Handlungen ins Dasein gewirbelt werden. Das Rad dreht sich ununterbrochen, und diese Triebkraft trägt dazu bei, dass die Muster immer wieder neu entstehen.

Auf dieser Ebene hängt der Glaube an Wiedergeburt davon ab, ob man sieht, dass die Gesetze von Karma – unbeugsam, unausweichlich und unendlich kraftvoll – keine physische Matrix benötigen um abzulaufen. Die hier vorgenommene Analyse unterstützt diese Sicht, denn sie legt nahe, dass zuerst der Geist war und nicht die ‚objektive Wirklichkeit'. Traditionsgemäß wird dieser Vorrang des Geistes als wechselseitiges Wirken von Karma und Kleśas beschrieben. Kleśas sind die emotionalen Trübungen, die die Funktion des Geistes beherrschen. Der von Kleśas beherrschte Geist bringt Handlungen und Wahrnehmungsweisen hervor, die die Welt, in der sie sich manifestieren, formen und festlegen.

Karma ist beides, die hinterlassene, gespeicherte Konsequenz vergangener Handlungen und das Ingangsetzen neuer Handlungen, die dann ihrerseits wiederum Konsequenzen hinterlassen. Das Wirken von Karma ist gekennzeichnet durch das Überführen und Umwandeln mentaler Muster in Konsequenzen, die sowohl mental als auch physisch sein können (dies sind Kategorien, wie der konventionelle Geist sie versteht). Und es besteht absolut kein Grund, demzufolge diese Umwandlung an physisch begrenzte Einheiten gebunden sein muss, wie z. B. ‚dieser Körper', ‚dieses Leben', ‚meine gegenwärtige Existenz'.

Eine derartig begrenzte Einsicht überlässt uns immer noch der Gewalt karmischer Muster, einschließlich des Karma, das die Wiedergeburt bestimmt. Obwohl diese Einsicht eine gewisse begrenzte Interpretation der Subjekt-Objekt-Interaktion durchbricht, akzeptiert sie doch weiterhin die Meinung, dass irgend etwas Substanzielles produziert und weitergegeben werden muss, damit dann die karmischen Strukturen von Ursache und Wirkung wirksam werden können.

Die buddhistische Lehre von Śūnyatā, irreführend oft als ‚Leerheit' übersetzt, weist darauf hin, dass dies nicht das ganze Bild sein kann. Wenn wir über die Dynamik von Eigenprojektionen nachdenken, die unsere Erfahrung formt, dann sehen wir, was fehlt. Wenn Karma und seine Folgen gänzlich durch die Wirkung des Geistes entstehen, dann ist Karma völlig offen, obwohl es in seiner Wirkung unendlich kraftvoll zu sein scheint. Die Lehre von Pratītyasamutpāda erklärt die Dynamik, durch welche Gedanken und Erscheinungen entstehen. Sie erhellt auch die Wechselwirkung zwischen unserer gewöhnlichen Perspektive und Śūnyatā, indem sie darauf hinweisen, dass Śūnyatā und die Wirkungsweise von Karma *zwei* Wege sind, um auf die *eine* Wirkungsweise des Geistes hinzudeuten.

Der gewöhnliche Geist, der mit den beiden Kategorien ‚ist/ist nicht' und ‚hat/hat nicht' arbeitet, will auf der rigiden, dualistischen Struktur bestehen, die Karma unausweichlich macht. Es ist jedoch möglich, diese Strukturen zu durchschauen, indem wir die intellektuelle Erkenntnis entwickeln, dass sich darunter eine alles umfassende Einheit befindet. Ist dieser Begriff erst einmal entstanden, so kann er der Zugang zur meditativen Erforschung des Geistes werden. Wenn wir gelernt haben, Meditation zu aktivieren, dann bedient sie den Geist anders. Meditation hat die Kraft, Einsicht in eine tiefe Kreativität zu überführen, eine Kreativität, die weder an dualistische Strukturen gebunden ist, die das objektiv Wirkliche für unabänderlich halten, noch der aufkommenden Triebkraft von Karma unterliegt. Erst einmal von den dualistischen Begrenzungen befreit, ist die Kraft der Einsicht von unvorstellbarer Schönheit, denn sie erhellt ein Wissen, das ganz nahe der Erleuchtung selbst ist, und sie führt zu Handlungen, die unfehlbar auf das Wohl aller Wesen abzielen.

Indem wir die Kraft des in der Meditation enthüllten und aktivierten Geistes verfeinern, können wir lernen seine Wirkungsweise zu verändern. Wir können Brücken bauen von einer Art des Seins zu einer anderen, völlig verschiedenen Art. Wenn wir direkt sehen können, wie Bewusstsein, Wahrnehmung, Gedanken und Erkennen derart zusammenwirken, dass sie Impulse in Gang setzen, die sich als Karma und Kleśas manifestieren, dann haben wir über diese Abläufe Kontrolle gewonnen.

Zunächst mag sich dieses Verständnis in unserer wachsenden Fähigkeit ausdrücken, den Geist zu kontrollieren, wenn er Gedanken produziert oder wenn er sich in Gewohnheitsmustern verfängt oder: indem wir lernen, in der Wirklichkeit der Träume eine aktivere Rolle zu spielen. Nach und nach wird es uns möglich, die Art und Weise, wie unsere Erfahrung von Moment zu Moment und von Tag zu Tag entsteht, zu formen. Schließlich sehen wir auch, wie die gleichen Muster sich im Verlauf von mehreren Leben aufbrauchen. Wenn die meditative Achtsamkeit sich festigt, können wir die Fähigkeit entwickeln, sie selbst angesichts sehr störender Ereignisse aufrecht zu erhalten. Zu diesen störenden Geschehen zählt auch der Tod, der vielleicht das störendste Ereignis ist. An diesem Punkt angelangt, wird es uns möglich, den Verlauf unserer Wiedergeburt zu bestimmen.

Als Analogie, wie das möglich ist, sieh dir den Ort an, an dem du dich gerade befindest. In diesem Augenblick präsentiert er sich als festes Land, aber irgendwann in der Vergangenheit war es vielleicht ein Teil des Ozeans. Damit diese Verwandlung geschehen konnte, musste der Raum beide Alternativen zulassen, Land und Ozean.

Genauso lässt auch der Geist verschiedene Alternativen zu: mehrere Leben. Und er kann das zulassen, ohne selbst etwas Substanzielles zu sein. Die buddhistischen Lehren sehen keine Notwendigkeit, die Möglichkeit der Wiedergeburt an eine Seele, ein ‚atman' oder an ein Selbst zu knüpfen. Erforderlich sind Entschlossenheit und Bestimmtheit, zusammen mit meditativer Verwirklichung, die Kontrolle über die Kräfte des Geistes verleiht.

Das Wissen, wie man den Geist kontrolliert, um den Prozess der Wiedergeburt zu beeinflussen, wurde von den großen Linienhaltern der Vergangenheit weitergegeben. Es gibt Werke, die bis in das letzte Detail Praktiken beschreiben, wie man bewusst Wiedergeburt erlangt und wie man diese Fähigkeit des Geistes durch Meditation vervollkommnen und verfeinern kann. Genauso benutzt ein Chemiker chemische Reaktionen, die nur unter besonderen Bedingungen ablaufen, um ein neues Molekül herzustellen. Wie es im Bar-do Thosgrol (im Westen als das Tibetische Totenbuch bekannt) anschaulich dargestellt ist, legt die Nyingma-Schule besonderen Wert auf solche Lehren. Diese Kraft ist aber absolut kein Selbstzweck. Letztendlich kommt es darauf an, die fundamentalere Kraft des Geistes zu kultivieren, die die Erfahrung entweder zu Samsara oder Nirvana werden lässt. An diesem Punkt sind wir in der Lage ein lebendes Paradies zu erschaffen; wir können uns selbst völlig von den Gesetzen des Karma befreien und den Geist selbst als Śūnyatā enthüllen.

Das Phänomen der Tulkus

Buddhistische Meister haben im Laufe der Geschichte die durch Realisation manifestierte Macht über ihre Wiedergeburt zum Wohle anderer Wesen genutzt. Eines dieser ‚geschickten Mittel' ist die Fortsetzung der Tulku (sprul-sku)-Linien, durch die ein großer Meister absichtlich die Wiedergeburt von einem Leben zum nächsten wählt. Dieser Aspekt der Tradition scheint Menschen des Westens besonders zu faszinieren. Ich werde oft danach gefragt.

Die ‚moderne' Tulku-Tradition geht zurück auf Padmasambhava und seine fünfundzwanzig Schüler. Sie setzt sich bis zum heutigen Tag fort. Rong-zom Mahāpandita lebte im elften Jahrhundert und ist ein berühmtes Beispiel für diese Tradition. Weil er schon als Kind ein so weites und tiefes Wissen zeigte, wurde er zu dem bekannten indischen Pandita Atīśa geführt, der zu dieser Zeit gerade nach Tibet gekommen war. Als der Vorschlag gemacht wurde, dass das Kind mit Atīśa in eine Debatte gehen sollte, lehnte Atīśa ab und erklärte, Rong-zom sei die Inkarnation seines eigenen Lehrers, des Mahāsiddha Krsna-pa, und aus Respekt wollte er nicht mit ihm debattieren.

Im neunzehnten Jahrhundert lebte der große Kagyu-Meister Karma Paksi. Einst gab er seinem Schüler O-rgyan-pa einige wertvolle Gegenstände und bat ihn, bis zu seiner Wiederkehr im nächsten Leben auf sie acht zu geben. Dann starb er. Seine Reinkarnation war Rang-'byung rDor-rje. Manchmal wird gesagt, diese Übergabe sei das Inkrafttreten der ersten formalen Inkarnationslinie gewesen. Seitdem hat es viele anerkannte Reinkarnationslinien in allen Schulen des tibetischen Buddhismus gegeben, einschließlich der des Dalai Lama. Sie wurde erstmals im sechzehnten Jahrhundert anerkannt. Viele Tulkus, die in diese Linien hineingeboren wurden, haben tiefe und bemerkenswerte Beiträge zum Dharma geleistet und dem Wohl unzähliger Wesen gedient. Manche Ereignisse aus den Leben dieser herausragenden Tulkus, einschließlich der Umstände ihrer Erkennung, sind in der ganzen tibetischen Tradition berühmt.

Das tibetische System der Tulkus ist einmalig in allen buddhistischen Ländern. Es hat eine ganz bedeutende Rolle bei der Weitergabe der Lehren von einer Generation zur anderen gespielt. Tulkus waren oft hochbegabte Individuen mit bemerkenswertem Wissen und besonderen Eigenschaften. Von früher Jugend an zeigten sie die Bereitschaft dem Dharma zu dienen. Schon als Kinder erhielten sie ein intensives Training, um ihr Mitgefühl und ihre Weisheit zu vervollkommnen. Dadurch wurde ihnen ein tiefer Respekt vor Buddha, Dharma und Sangha eingeflößt. Manchmal schienen die Tulkus eine Art Wissen zu haben, das die gewöhnlichen menschlichen Fähigkeiten überstieg, so als ob dieses Wissen der Übertragungslinie selbst gehören würde.

Trotzdem finden viele Menschen es immer noch schwierig, die Behauptung ernst zu nehmen, dass ein Individuum tatsächlich immer wieder neu geboren werden kann. Selbst wenn sie diese Idee im Prinzip akzeptieren, so zweifeln sie doch, ob jeder identifizierte Tulku auch wirklich für einen solchen gehalten werden kann, besonders wenn einige Tulkus scheinbar dem Dharma zuwiderhandeln.

Die meisten westlichen Menschen und sogar einige Tibeter wissen nicht genau, was das Wort ‚Tulku' bedeutet. Wörtlich übersetzt heißt es: sich manifestierender Körper. Wenn es auf eine Person angewandt wird, dann identifiziert man damit einen Menschen mit der Fähigkeit, den Ort und die Umstände seiner Wiedergeburt zu bestimmen. Die traditionellen Mahāyāna-Texte sagen, dass sich diese Fähigkeit im Laufe der ersten acht Stufen des Bodhisattva-Pfades entwickelt.

Wenn man das richtig im Zusammenhang sehen will, muss man bedenken, dass ein Bodhisattva schon auf der ersten Stufe eintausendzweihundert unglaubliche Eigenschaften eines noblen Geistes haben soll sowie die Macht und Fähigkeit sich so zu manifestieren, dass er anderen Wesen helfen kann. Auf der achten Stufe, die als die ‚unerschütterliche' bekannt ist, hat der Boddhisattva unzählige spirituelle Qualitäten erlangt. Diese umfassen die zehn Kräfte. Dazu gehört die Fähigkeit, den Geist zu kontrollieren und Macht über Karma und Wiedergeburt zu besitzen. An diesem Punkt kann der Boddhisattva so viele Formen annehmen, wie notwendig sind, um andere zu befreien. Die Daśabhūmika Sūtra und die Madhyamakāvatāra des großen Philosophen Chandrakīrti sind zwei der zahllosen Texte, die sich mit diesen Lehren im Detail befassen.

Wenn wir uns auf diese Beschreibungen verlassen, sieht es so aus, als hätten wir eine Grundlage für den Versuch, Lamas, die den Titel ‚Tulku' tragen, zu beobachten, und zu beurteilen und so zu entscheiden, ob sie als authentische Halter ihrer Inkarnationslinie gelten können. Nach diesen Richtlinien könnten aber nur ganz wenige Menschen diesen Titel beanspruchen. Darum müssen wir vorsichtig sein und nicht zu voreilig urteilen. Der Buddha selbst hat gewarnt: Solange wir nicht die Allwissenheit der Erleuchtung erlangt haben, können wir uns, wenn es um andere geht, nicht völlig auf unsere Wahrnehmung und unser Urteil verlassen.

Es ist auch ganz hilfreich, sich daran zu erinnern, dass Tulkus auf verschiedene Weisen erscheinen können. Während einige die Umstände ihrer Wiedergeburt wählen, fühlen andere sich durch die Komplexität ihres Karma (das könnte zum Beispiel durch die Macht ihrer Gebete in früheren Leben bedingt sein) zu einer bestimmten Wiedergeburt hingezogen. Wieder andere Tulkus entscheiden sich für eine bestimmte Wiedergeburt, um gewisse Verpflichtungen zu erfüllen oder um anderen zu dienen. So kommt es, dass viele verschiedene Individuen mit den unterschiedlichsten Fähigkeiten den Titel ‚Tulku' tragen können.

Der unglaublich harte Pfad des Bodhisattvas ist nicht der einzige Weg, um Kontrolle über Karma zu gewinnen. Ein in der Methode des Mantrayāna hoch trainiertes Bewusstsein kann schnell die Stadien des Bodhisattva-Pfades meistern, was sonst viele Zeitalter dauern kann. Wir erfahren beispielsweise im Bar-do Thos-grol, dass gewisse Meditationsübungen das nötige Wissen und die Kraft erzeugen, um die Erfahrung zu kontrollieren. Was noch grundlegender ist: Bestimmte Dharma-Praktiken, die Karma und Kleśas reinigen, können das ganze Sein beeinflussen. Wenn diese Praktiken vervollkommnet sind, können sie zur Quelle von Kraft und Verdienst werden, die die Wiedergeburt steuern. Außer der Macht von Gebeten und positivem Karma gibt es noch die Macht der ‚Geschickten Mittel'. Diese beruht auf Meditation und Visualisation. In der Tradition sind auch Tulkus bekannt, die sich auf dieser Basis manifestiert haben.

Während mit dem gewöhnlichen Geist die Frage, ob jemand wahrhaft ein Tulku ist, manchmal schwer zu beantworten ist, beweisen oft die ungewöhnlichen Taten eines Individuums in sich selbst seine Authentizität. Der Buddha sagt in den Sūtras: Ob jemandes Herz zur Familie der Bodhisattvas gehört, zeigt sich in seinen Worten und Taten. Im Fall von Tulkus ist, dem Dharma zu dienen und fühlenden Wesen zu helfen, zum Teil der Grund ihrer Wiedergeburt. Wenn ein Individuum die Verantwortung annimmt und die Aufgabe erfüllt, dann ist diese selbstlose und bedeutungsvolle Handlung in sich selbst schon ein unwiderlegbarer Beweis. In der Vergangenheit wurden diese Kriterien z.B. von den bedeutenden Meistern ‚Jig-med Glingpa' und ‚Jam-dbyangs mKhyen-brtse'i dBang-po' erfüllt, wie auch von ihren direkten Inkarnationen.

Wenn wir weiterdenken, so ist der geerbte Titel sicher letztendlich weniger wichtig, als wer wir sind und was wir verkörpern. Nicht alle Tulkus verdienen tiefen Respekt und nicht alle exzellenten Lamas sind Tulkus. Eine Inkarnationslinie kann sehr hilfreich sein, wenn der wiedergeborene Lama eine besondere Rolle zu erfüllen hat (z. B. als Abt eines Klosters), aber wenn das nicht der Fall ist, dann sollten wir der Existenz einer karmischen Verbindung von einer Reinkarnation zur nächsten nicht zu viel unangemessenes Gewicht beimessen.

Für alle diejenigen von uns, die als Tulku identifiziert wurden, ist es wahrscheinlich die beste Praxis, unser eigener Zeuge zu sein und selbst unsere inneren Qualitäten und unsere spirituellen Kräfte zu bewerten. An wie viele frühere Leben mit spirituellem Streben können wir uns zum Beispiel wirklich erinnern? Wie viele von uns würden allein auf der Grundlage dieses Testes noch behaupten, ein großer Bodhisattva oder ein hoher Tulku zu sein?

Was mich betrifft (und ich bin sicher, das trifft für andere mit dem Titel Tulku auch zu), so fühle ich mich mit bestimmten Lamas der Vergangenheit tief verbunden. Was von diesen Gefühlen psychologisch, eingebildet oder echte Erinnerung ist, ist schwer zu sagen. Ich habe jedenfalls keine detaillierten Erinnerungen an frühere Leben, aufgrund derer ich mit absoluter Sicherheit den Status eines Tulku beanspruchen könnte.

Aus diesem Grund bestehe ich nicht auf einer besonderen Identität. Es ist wahr, ich hatte die seltene Gelegenheit, große Meister zu treffen und zu ihren Füßen zu studieren. Also muss wohl irgendeine karmische Verbindung bestanden haben. Was ich wirklich weiß, ist, dass ich während meines ganzen Lebens den Drang fühlte, meine gesamte Energie und alle meine Verdienste der Ausbreitung der Lehren des Buddha zu widmen und zu tun, was immer in meinen Kräften stand, um die Sangha zu stärken. Das ist, was für mich zählt.

In dieser Beziehung messe ich meiner Erkennung als Tulku Bedeutung bei. Als Menschen haben wir alle die Pflicht darüber nachzudenken, wer wir sind und wie wir dieses kostbare Leben am besten leben. Aber diejenigen von uns mit dem Titel ‚Tulku' tragen eine besondere Verantwortung. Wir müssen für die Echtheit unseres Erbes garantieren und bestimmen, wie wir unsere Übertragungslinie repräsentieren und die Verbreitung des Dharma fördern können.

Dharma-Studium: Sinn und Bedeutung

Der Buddha lehrte, alles sei offen, untersucht und hinterfragt zu werden, jeder Glaube, jeder überlieferte Text. Es gibt kein Dogma und keine Wahrheit, die nicht hinterfragt werden dürften und beibehalten werden müssen. Es gibt zwar im Buddhismus konzeptionelle Inhalte und Doktrinen, aber es steht frei, sie in Zweifel zu ziehen und kritisch zu prüfen. Ohne eine derartige Überprüfung wären Doktrinen tatsächlich nur von begrenztem Wert auf dem Weg zur Erleuchtung.

Die Rolle, die das Nachprüfen und das Infragestellen spielt, kann jedoch leicht verzerrt werden. Unser Geist wird von eingefahrenen Denk- und Handlungsmustern beherrscht. Sie beeinträchtigen unsere Fähigkeit zu unterscheiden, was auf dem Pfad hilfreich ist und was nicht. Wenn wir diese Muster nicht durchschauen, werden alle von uns ausgedachten Herausforderungen unsere eigene Position nur bestärken und so den Zugang zu der tieferen Bedeutung der Lehren blockieren. Solange wir nicht gelernt haben, den Geist zu erforschen, sind wir unfähig, die Lehren gründlich zu erforschen.

Das Potential, das unseren Geist mit heilsamer Klarheit funktionieren lässt, ist schon jetzt verfügbar. Wenn wir keinen Zugang dazu haben, so liegt es daran, dass dieses Potential in die falsche Richtung geleitet oder unabsichtlich verdeckt wurde. Der Dharma bietet uns einen Weg aus diesem Nebel und den Verdunkelungen, aber wir müssen uns entschließen diesen Pfad zu gehen. Das heißt, wir müssen selbst beurteilen, ob die neue Perspektive, die der Dharma uns aufzeigt, auf wahrer Weisheit beruht. Darum müssen wir nicht nur unsere intellektuellen Fähigkeiten verfeinern, sondern wir müssen den Wunsch nach Erleuchtung kultivieren und ihm erlauben, sich in unserem Geist zu entfalten und in unserem Herzen zu wohnen. Wenn das nicht geschieht, fehlt uns die Grundlage, um die Funktion des samsarischen Geistes in Frage zu stellen.

Im Buddhismus hat der Begriff ‚rechtes Verständnis' nichts damit zu tun, ob wir eine bestimmte Kombination von Dingen für wahr halten oder ob wir einem Glauben anhängen, der nicht auf Wissen beruht. Der Pfad ist ‚recht' in dem ganz speziellen Sinn, dass er eine fruchtbare Lernmethode bietet und Haltungen fördert, die zu den bereits erreichten Einsichten nicht im Widerspruch stehen. Das ist keine Frage von ‚richtig' oder ‚falsch'; es hat mit der Beobachtung zu tun, dass der Geist dann am besten Wissen erkennen kann, wenn er auf eine heilsame Weise arbeitet, in der alle Aspekte unseres Daseins mit einbezogen sind. In diesem Sinne sind alle Formen des Hinterfragens von therapeutischem Wert. Freies, offenes Fragen ist ein wesentlicher Bestandteil des Pfades. Das ist allerdings nicht als Einladung zu verstehen, uns besonders ansprechende Aspekte des Buddhismus auszuwählen, um andere, schwerer zugängliche abzulehnen.

Der Zugang über Fragen kommt der freidenkenden, westlichen intellektuellen Tradition sehr entgegen, denn es werden keine Bedingungen vorgegeben, absolut jede Vorgehensweise ist erlaubt. Er stimmt besonders gut mit den naturwissenschaftlichen Disziplinen überein, die auch besonderen Wert auf direkte und unvoreingenommene Beobachtung legen. Falls es qualifizierten buddhistischen Lehrern gelingt, auch nur einigen wenigen – in der Tradition westlicher Wissensgebiete bewanderten – Menschen diesen Aspekt des Dharma zu vermitteln, dann kann der Buddhismus einen dauerhaften Beitrag zur zeitgenössischen Denkweise leisten. Dann wird es möglich, die Weisheit des Buddha in moderne Terminologie zu übersetzen.

Die ersten Schritte in Richtung auf diese Übertragung sind bereits getan. Eine wachsende Anzahl von Menschen schätzt und respektiert den Dharma. Obwohl ihr Studium und ihre Praxis in mancherlei Hinsicht wahllos und unvollständig sind, spiegelt sich in ihrer Hingabe das Verständnis dafür wider, dass der Dharma verlässliches Wissen und eine heilsame Art zu sein anbietet. Solange fähige und mitfühlende Lehrer weiterhin als Führer zur Verfügung stehen, können aufrichtig motivierte Menschen gute Dharma-Schüler werden, die in der Lage sind, das Wesen der Lehren an andere weiterzugeben. Wenn das geschieht, können sich die Segnungen des Dharma manifestieren.

Trotz alledem stellen die in der modernen Welt den Geist beherrschenden Muster gewaltige Hindernisse für die Ausbreitung des Dharma dar. Traditionelle, an eine völlig andere Kultur gewöhnte Lehrer können unter Umständen diese Hindernisse bei ihrem ersten Auftreten nicht so leicht erkennen. Was mich betrifft, so habe ich, da ich täglich eng mit westlichen Menschen zusammen lebe und arbeite, gelernt diese Anzeichen zu bemerken. Ich habe auch erfahren, wie schwer diese Schranken für die Dharma-Übertragung überwunden werden können.

Ein Student des Dharma werden

Wenn jemand, für den der Dharma neu ist, mit echter Offenheit und aufrichtiger Sehnsucht an die Lehren herangeht, so ist dies nicht notwendigerweise ein Zeichen für eine lang andauernde Hingabe an Studium und Praxis. Insbesondere sind die Wärme und Neugierde eines Anfängers nicht immer begleitet von der Bereitschaft, ein Dharma-Studium nach traditionellen Methoden durchzuhalten. Diese Diskrepanz zwischen dem anfänglichen Enthusiasmus und der zögerlichen Haltung, mit ganzem Herzen eine Verpflichtung einzugehen, kann für einen Lehrer verwirrend sein, der aus einem Land mit einer starken Geschichte der Dharma-Verbreitung kommt.

Eine Ursache für diese Schwierigkeiten liegt darin, dass die neuen Studenten vielleicht nicht sehen, wie tief und komplex das Wissen der Dharma-Tradition ist. Sollte dies zutreffen, so sind diese Studenten möglicherweise entmutigt, wenn sie entdecken, dass der Pfad zur Verwirklichung geduldiges Studieren und Praktizieren und eine dauerhafte Hingabe verlangt. Wenn der Student mit unrealistischen Erwartungen beginnt und der Lehrer es versäumt, ihm klar zu sagen, was sein Entschluss alles nach sich zieht, dann gibt es wahrscheinlich Enttäuschung auf beiden Seiten. Studenten, die einen Lehrer oder ein Dharma-Zentrum mit der Vorstellung von greifbaren und schnellen Ergebnissen aufsuchen, werden früher oder später enttäuscht. Sie werden schließlich aufgeben und weggehen, selbst wenn sie den Dharma respektieren und wertschätzen. Für eine junge Dharma-Gemeinschaft kann es schwer sein, gerade die Leute zu verlieren, die besonders hingebungsvoll erschienen.

Traditionell nennt man im Buddhismus jemanden, der den Lehren folgt, einen Dharma-Studenten. In gewisser Hinsicht kann das jedoch irreführend sein, denn es genügt nicht, den Dharma zu studieren, wie ein Universitäts-Student ein Hauptfach studiert, indem er den intellektuellen Inhalt lernt und dieses Wissen dann dazu benutzt, seine persönlichen Interessen zu verfolgen. Im Dharma-Studium erhält man keinen akademischen Grad, zumindest nicht kurz vor der vollkommenen Erleuchtung. Die Idee, eine Dharma-Autorität zu werden, ist der buddhistischen Tradition fremd. Obwohl wichtig, haben Rang und Titel nicht die gleiche Bedeutung von Meisterschaft wie im Westen. Ein Dharma-Studium ist keine Sache von Wissenschaftlichkeit und Profilierung. Es ist mehr eine Frage, ob man sein Leben in Dharma-Aktivitäten verwandelt und den Pfad zu seinem Leben macht.

Noch einmal: In der akademischen Tradition des Westens misst man Fortschritte daran, wie gut man bei gewissen Tests abschneidet und wie gut man das, was man gelernt hat, auszudrücken oder kreativ anzuwenden vermag. Im Gegensatz dazu ist im Buddhismus das Maß für Fortschritt, wie stark spirituelle Eigenschaften im eigenen Leben verwirklicht werden. Zum Teil bedeutet dies, dass die Idee von persönlichem Vorteil aufgegeben wird, einschließlich der Idee, das Gelernte zum persönlichen Nutzen einzusetzen.

Die Beziehung zwischen Schüler und Lehrer ist auch ganz anders als das, was Menschen des Westens sich vorstellen. Im Westen ist es normal, dass ein Schüler etwas vom Lehrer bekommen will, während in Tibet Studenten versuchen möglichst tief in die Lehren einzudringen und sie zu verkörpern. Dieser Unterschied hat weitreichende Folgen. Ein westlicher Student würde es wahrscheinlich völlig in Ordnung finden, sein Studium bei einem Lehrer zu beginnen und dann nach eigenem Belieben zum nächsten zu gehen. Wenn ein Dharma-Student eine Verbindung mit einem Lehrer hergestellt hat und die Notwendigkeit verspürt, den Lehrer zu wechseln, bevor dieser die Vollendung eines gewissen Trainingsabschnittes anzeigt, so bedeutet dies vom traditionellen Standpunkt aus, dass der samsarische Geist die Kontrolle übernommen hat. Dieser hat immer gute Gründe, um die Disziplin in der Praxis aufzugeben. Indem man dem Wunsch folgt, den Lehrer zu suchen, den man am liebsten mag, verstärkt man nur alte

Gewohnheitsmuster des Geistes. Wenn man den Unterrichtsstil und die Art der Belehrungen und Übungen sucht, die für die eigene Denkweise den meisten Sinn machen, dann zögert man die wichtige Aufgabe hinaus, die eigenen, geliebten mentalen Muster und Vorstellungen kennen zu lernen. Wahrhafte Dharma-Praxis verlangt Ausdauer und Hingabe, die stark genug sind, um solche vorhersagbaren Reaktionen zu überwinden. Das kann sehr wohl bedeuten, in einer bestimmten Dharma-Situation über den Punkt hinaus, wo es unbequem wird, auszuharren. Darum erfordert die Lehrer-Schüler-Beziehung soviel Verantwortung von beiden Seiten: Beide müssen es sich darum gut überlegen, bevor sie sich verpflichten.

Natürlich ist es für Praktizierende, die sich dem Dharma zugewandt haben, ganz normal, dass sie manchmal entmutigt werden und sich fragen, ob sie wirklich Fortschritte machen. In der Geschichte des Dharma haben sogar große Meister Zweifel erfahren und erwogen aufzugeben. Aber in der modernen Welt scheint diese Tendenz besonders ausgeprägt zu sein. Das führt oft dazu, dass Menschen ihre Verbindung zum Dharma gerade an einem kritischen Zeitpunkt aufgeben.

Das ist zum Teil der Grund, warum ich Studenten nicht gleich zu Anfang solche Belehrungen erteile, die eine ernsthafte Verpflichtung erfordern. Stattdessen lade ich sie ein, an Projekten teilzunehmen, wodurch sie einen Beitrag zu der Arbeit in unseren Zentren leisten, die dem Erhalt und der Verbreitung des Dharma dienen. So haben die Studenten im Laufe der Zeit Gelegenheit festzustellen, ob ihr Interesse wirklich echt ist. Während sie arbeiten, können sie sich, ihrem eigenen Tempo entsprechend und so wie ihr Interesse und ihre Wertschätzung wachsen, mit den verschiedene Aspekten der Lehre beschäftigen. Gleichzeitig haben sie die Möglichkeit, zunehmend größere Verpflichtungen und Verantwortungen zu übernehmen. Das erlaubt ihnen, ihre eigenen Muster und

Widerstände auf immer tieferen Ebenen zu beobachten. Sie erfahren dabei auch, dass ihre Arbeit hier praktischen Nutzen hat und zu Ergebnissen führt. Das entspricht dem pragmatischen Weg, der in der modernen Welt betont wird. Während sie auf diese Weise weiter praktizieren und ihre Verpflichtung zum Dharma wächst, erreichen die meisten Studenten schließlich einen Punkt, an dem es sinnvoll erscheint, mit höheren Studien und Übungen zu beginnen, die einen Teil des traditionellen Weges darstellen.

Wenn ein Student seine Sache gut macht, birgt jeder Augenblick die Chance, seine Wertschätzung zum Ausdruck zu bringen und zu vertiefen. Den Dharma studieren heißt, sich in den Dharma zu verlieben: die Lehren als Teil seiner selbst zu betrachten und immer intensiver die Eigenschaften des erleuchteten Wissens zu verkörpern. Ein nützlicher Bewertungsmaßstab für persönliches Wachstum ist, zu beobachten, ob der Student die buddhistischen Lehren der Ethik und Moral praktiziert, denn im Dharma ist Tugend die Verwirklichung von Wissen, ein direkter Ausdruck dessen, was man verstanden hat.

Wenn die Wertschätzung der Lehren stark und zuverlässig wird, dann wird der Dharma selbst zum Lehrer. Die Menschen, die diesen Prozess unterstützen, können auch als Lehrer betrachtet werden, aber der wahre Dharma-Student stellt eine Verbindung zur Übertragungslinie her und zur Wahrheit dessen, was der Buddha lehrte. Diese Verbindung ist fundamentaler und nährender als irgendeine persönliche Beziehung. Der persönliche Lehrer, der Führung gewährt und die Richtung weist, ist – genau betrachtet – eher ein Freund und Berater. Er ist fähig, dem Studenten bei der Erforschung der weiten Gebiete des Dharma zu helfen, Verwirrung und falsche Ansichten zu verhüten.

Gleichgewicht zwischen Studium und Praxis

Vor nicht allzu langer Zeit wussten nur wenige Menschen im Westen etwas über den buddhistischen Pfad. Heute, da immer mehr Menschen den Dharma praktizieren, erwacht allmählich die Einsicht, dass ein großes Maß an innerer Disziplin, gewissenhafter Intelligenz, Achtsamkeit und zuverlässiges Studieren und Praktizieren erforderlich sind, um diesen Pfad zu gehen.

All diese Eigenschaften müssen sich darin niederschlagen, dass der Student auf umfassende Weise an die Lehren herangeht, was bei unserem heutigen Wissensstand nicht leicht zu erreichen ist. Das Sūtrayāna, der Pfad und die Übungen, die auf den Sūtren beruhen, ist enorm weit. Das Mantrayāna, der Pfad und die Übungen, die auf dem tantrischen System basieren, ist noch viel weiter. Es bedarf mehrerer Leben, um seine Tiefen zu ergründen; um seine Bedeutung akkurat und unverfälscht in den Westen zu bringen, sind wahrscheinlich mehrere Generationen nötig.

Den Dharma zu erforschen, erfordert einen klaren und ausgeglichenen Geist, das heißt, man muss lernen, intellektuelles Studium und konzeptionelle Einsichten in Einklang mit meditativen Übungen zu bringen, die eine ganz neue Dimension der Erfahrung öffnen. Wissen, das durch Worte vermittelt werden kann, ist sicher wichtig. Ohne Worte, die auf Bedeutung hinweisen, könnten wir weder erkennen, wie der samsarische Geist sich selbst am Leben erhält, noch Wege sehen, wie man über Worte hinausgehen kann. In diesem Sinn sind Intellekt und Sprache zwei unverzichtbare Instrumente, um die Bedeutung des Dharma zu verstehen. Allerdings hat die direkte Erfahrung eine Macht, die Worte bei weitem übertrifft. Die Untersuchung mittels direkter Erfahrung lehrt uns, dass sowohl unsere Gedanken als auch das zur Verfügung stehende Vokabular als auch unser gewöhnlicher Geist in sich selbst begrenzt sind, so dass uns in ihr ein Mittel zur Verfügung steht, diese Grenzen zu durchbrechen.

Wenn wir beginnen unsere Praxis zu entwickeln (und dieses Stadium kann viele Jahre dauern), ist Disziplin, die durch Worte und einen konzeptionellen Rahmen entsteht, ein wesentliches Element, um unseren Geist zu trainieren. Indem wir lernen, unsere Erfahrungen zu etikettieren und zu analysieren, klären sich bestimmte Verwirrungen. So bereiten wir den Weg für die Entwicklung von innerer Ruhe. Die Aktivität des Geistes beruhigt sich und die Kleśas schweigen allmählich. Von dieser Basis der inneren Ruhe aus können wir zu Wissensbereichen fortschreiten, wo konzeptionelle Strukturen nur noch eine sehr begrenzte Rolle spielen. Wir sehen, dass wir Erfahrungen aktiv untersuchen können, ohne die zugrunde liegende friedvolle, ausgeglichene Heiterkeit zu verlieren. Durch diese Wechselwirkung von Gelassenheit und erhöhter Achtsamkeit (Śamathā und Vipaśyana) entwickelt sich unsere Praxis auf ganz neue Weise. Dabei werden konzeptionelle Strukturen überflüssig.

Śamathā und Vipaśyana sind aber mehr als nur Mittel, um unsere Praxis zu transformieren. Die Verbindung von beiden stellt unseren transformierten Geisteszustand dar, das Ziel unserer Praxis. Dieses Stadium zu erreichen ist so, als ob man in einen schönen Tempel eintreten und auf dem Altar Bilder von seltener Vollkommenheit entdecken würde. Die äußeren, von Verdunkelungen beherrschten Schichten unseres Geistes werden still und klar und die meditative Praxis beginnt eine ganz andere Arbeitsweise unseres Geistes zu reflektieren. Vielleicht kommen wir in Kontakt mit einer inneren Führung, auf die wir uns wahrhaft verlassen können.

Wenn sich die Meditation vertieft, entsteht neues Wissen

und die alten Hindernisse, die vorher beinahe unsere gesamte innere Wirklichkeit ausgemacht haben, werden transformiert. Von der langsam aufkeimenden neuen Perspektive aus hat es nie einen samsarischen Bereich gegeben. Der Geist besitzt die Natur des Dharma (Dharmatā), und alles Existierende erweist sich als untrennbar von der Wahrheit des Dharma und der Sangha. Wenn wir gelernt haben, diese Wahrheit zu verkörpern, dann können wir unserer Erfahrung trauen und wir treten auf ganz natürliche Weise mit der erwachten Weisheit in Beziehung.

Weil die Schriften solche Zustände so schön und anschaulich beschreiben, ist die Vorstellung verlockend, wir könnten diese Verwirklichung schnell erreichen. Aber ganz gleich, wie inspirierend die Beschreibungen auch sind, wir können unsere Praxis nicht in die richtige Richtung lenken, wenn wir gar nicht wissen, wonach wir streben. Dharma-Studenten, die Praxis und Hingabe höher bewerten als ‚intellektuelles' Wissen, sind vielleicht anderer Meinung. Ich bin der Ansicht, dass es ohne Unterstützung von Wissen und Verständnis schwer ist, Praxis zur Vollendung zu bringen. Intellektuelles Verständnis der Lehren ist wie die Muskelschicht unter der Haut: Sie gibt unserer Praxis innere Kraft. Ein Gleichgewicht zwischen intellektueller Untersuchung und direkter Wertschätzung für die Wahrheit des Dharma erreichen wir durch Erfahrung. Anfangs ist es ganz normal, die eine oder andere Methode zu bevorzugen, und bis zu einem gewissen Punkt geht das auch. Aber schließlich müssen wir die richtige Balance für uns selbst finden. Aus diesem Grund betrachte ich das grundlegende Studium der Sūtra- und Śāstra-Tradition als wesentliche Grundlage für die profunden Lehren des Mantrayāna, des Torweges zu derart mächtigen Verwirklichungen.

Das Gleichgewicht zwischen Studium und Praxis ist für verschiedene Individuen unterschiedlich. Für manche ist es am besten, ihre Studien in einem Kloster oder im Retreat durchzuführen oder mit mehr auf Hingabe ausgerichteten Übungen zu arbeiten. Diejenigen, die einen Zugang zu heiliger Kunst haben, finden vielleicht, dass diese Formen Tore zum Verständnis öffnen, während sich für andere die Arbeit als am fruchtbarsten erweist, da dabei ihr Ego herausgefordert wird.

In unserer eigenen Gemeinschaft suchen wir weiterhin nach dem besten Weg, wie man Praxis und intellektuelles Untersuchen zu dem Punkt bringen kann, wo sie miteinander verschmelzen und beide transformiert werden. In Odiyan, wo ich jetzt lebe, nimmt diese Balance auf der Grundlage von Arbeit Gestalt an, die den Drei Juwelen gewidmet ist. Die meisten Studenten, die innerhalb des Odiyan-Mandala leben und arbeiten, müssen erst noch eine feste Grundlage in den traditionellen buddhistischen Studien entwickeln. Aber ihre Arbeit bietet ihnen Gelegenheit, von der Inspiration des Wissens zu profitieren.

In außergewöhnlich schöner Umgebung gelegen und isoliert von allen Zerstreuungen und Verwirrungen der samsarischen Welt bietet Odiyan eine unterstützende Atmosphäre für Praxis und Studium. Jeder, der hier lebt, kennt Zeiten, wenn Raum selbst sich zu meditativer Verwirklichung öffnet, wenn Zeit der alten Ordnung erlaubt wegzufallen und ein neues Wissen eintreten lässt. Es ist meine Hoffnung, dass Odiyan in Zukunft ein Ort sein wird, wo ernsthaft Studierende ihr Leben mit ihrer Praxis in Einklang bringen können. Es soll ein Zentrum für Studium und Praxis werden mit einer Atmosphäre, die traditionell am besten geeignet ist, um dem Pfad zu folgen.

Ich behaupte nicht, dass der Dharma nur an abgelegenen Plätzen wie Odiyan praktiziert werden kann. Die Lehren sind viel zu mächtig, um derart eingeschränkt zu werden. Genauso wie Samsara eben Samsara ist, ganz gleich, wie schön und inspirierend die Umgebung ist, so kann sich die Linie der Verwirklichung überall und unter allen Umständen manifestieren. Für jemanden, der fest und tief im Dharma verwurzelt ist, bietet die moderne Gesellschaft eine fortwährende Lehre über die Natur und den Ursprung des Leidens. Menschen, die am ausgiebigsten von den materiellen Vorteilen unseres technologisch fortgeschrittenen Zeitalters profitieren, sind mit größter Wahrscheinlichkeit auch diejenigen, die begriffen haben, dass man selbst inmitten von Überfluss keine dauerhafte Befriedigung findet. Solche Erkenntnis kann ein starker Verbündeter sein. Sie ist wie eine Impfung, die Schutz vor zukünftigen Leiden gewährt.

Genauso kann die weitverbreitete Verwirrung und Unsicherheit darüber, wie man sein Leben leben soll und was wirklich von Wert ist, für das Dharma-Studium eine starke Unterstützung sein. Ein Mangel an Wissen über den Sinn des Lebens unterstützt eine offene Haltung gegenüber neuen Ideen und neuen Lehren. Jemand, dessen grundlegende materielle Wünsche erfüllt sind, mag sich die Frage stellen: „Will ich so den Rest meines Lebens verbringen?“ Aufrichtig gestellt, löst diese Frage eine Kette von weiteren Fragen aus. Werden solche Fragen dann bis zu Ende gedacht und ehrlich beantwortet, dann führen sie ganz natürlich zum Dharma, der einzigen, echten Alternative zu den zerstörerischen, samsarischen Mustern und dem Leiden, das sie verursachen.

Wenn wir lernen, den komplexen Mustern der heutigen Gesellschaft mit einem offenen, fragenden Geist zu begegnen und auf spielerische und kreative Weise die geistigen Strukturen, die wir dabei entdecken, einzusetzen, dann kann das Leben in der Stadt mindestens so interessant und fruchtbar für die Dharma-Praxis sein wie ein Leben in Zurückgezogenheit von der Welt. Dennoch ist es keine leichte Sache, meditative Ausgeglichenheit mit einem urbanen Lebensstil zu vereinbaren. Für die meisten Menschen wird eine ruhige Umgebung, ähnlich wie die Odiyans, eine stabilere Grundlage darstellen, um die Lehren des Buddha gründlich zu erforschen und so zu praktizieren, dass Studium und Meditation integriert werden.

Wichtigkeit des Studierens

In der modernen Welt ist ein akademisches Studium meistens hoch spezialisiert und ausschließlich intellektuell orientiert. Vielleicht sehen darum einige Dharma-Studenten keinen Wert darin, ein intellektuelles Verständnis der Lehren anzustreben. Meine eigene Ansicht ist anders. Richtig angewandt kann konzeptionelles Wissen eine solide Grundlage für die Praxis sein. Es beseitigt viele Verwirrungen und öffnet eine breitere Perspektive auf die Lehren. Es wirkt der Tendenz entgegen zu glauben, man sei ein Meister der gesamten buddhistischen Tradition, wenn man mit einem Gebiet des buddhistischen Gedankengutes vertraut ist. Für jemanden, der bessere Übersetzungen machen möchte und den Mitmenschen Sinn und Bedeutung der Lehren des Buddha nahe bringen will, ist ein akademisches Studium unerlässlich. Nur durch diese Art von Wissen kann für moderne Menschen die Weisheit des Buddha erreichbar werden.

Die von Indien nach Tibet gebrachte Śāstra-Tradition zusammen mit den Werken tibetischer Meister über Themen, die die Śāstras behandeln, bieten ernsthaften Dharma-Studenten eine besonders reiche Quelle für Studium und Dharma-Wissen: ein Körper von Weisheit, der auch heutzutage stark und lebendig bleibt. Diese Lehren erforschen die Bedeutung der menschlichen Existenz, die richtige Methode, um Wissen zu erwerben, die bestmögliche Art, sein Leben zu führen – Fragen, die allen großen Denkern gemeinsam sind. Die Lehren des Abhidharma liefern sehr effektive Methoden zur sorgfältigen Untersuchung von Erfahrung und der Natur der Realität, während Mādhyamika-Werke wirkungsvolle Analysemethoden aufzeigen und ein präzises, erhellendes Vokabular sowie Werkzeuge der Logik und Epistemologie, die eine scharfe und klare Wahrnehmung fördern, anbieten. In einigen Fällen wurden erst in den letzten Jahrhunderten Themen und Schwierigkeiten bekannt, die im Buddhismus schon seit über zwei Jahrtausenden Gegenstand der Erforschung sind.

Die Kraft der Dharma-Tradition erstaunt mich immer wieder. Wenn man nur wenige Zeilen von so großen Meistern wie Klong-chenpa,'Jigs-med Gling-pa,'Jam-dbyangs mKhyen-brtse dBang-po, dPal-sprul Rinpoche oder Lama Mi-pham liest, entdeckt man verborgene Bereiche im Bewusstsein, die wunderbarer sind als jedes Paradies. Unserem gewöhnlichen Geist, der so verstrickt ist in alltägliche Belange und Missverständnisse, vermitteln diese Lehren Einsichten von unfassbarem Wert. Als junger Mann kannte ich viele Lamas, die Jahre ihres Lebens damit verbrachten, diese bemerkenswerten Werke zu studieren. Ich erinnere mich, wie sie stundenlang ohne Unterbrechung mit voller Konzentration über den Büchern brüteten. Für sie hatte Studieren nichts damit zu tun, ein Examen zu bestehen bzw. einen Titel oder eine Anstellung zu erhalten. Dieses Engagement entsprang der intensiven Beschäftigung mit Fragen, die aus dem Dharma-Studium erwuchsen. Sie inspirierten eine derart einsgerichtete Hingabe, dass selbst Essen und Schlafen als etwas erschien, was Zeit von Dingen wegnimmt, die wirklichen Wert haben.

Heute haben die veränderten Umstände, die die Geschichte uns aufgezwungen hat, dieser intensiven Beschäftigung mit den Lehren ernsthafte Grenzen gesetzt. Der Verlauf meines eigenen Lebens hat mir nicht viel Zeit zum Studieren gelassen. Trotzdem weiß ich genug von der Tradition, um mit Gewissheit sagen zu können: Der Westen würde sehr davon profitieren, wenn diese Werke weiteren Kreisen zugänglich wären. Ich habe den Eindruck, dass die Yogācāra- und die Cittamātra-Lehren, die durch China und Japan in den Westen kamen, auch für die moderne Welt von besonderem Interesse sind. Die buddhistische Logik (pramāna) ist ein weiteres Studiengebiet, denn sie zeigt, wie Bedeutungen aufgebaut sind: Es ist zu vergleichen mit dem Studium einer Konstruktion, die nötig ist, um eine große Brücke zu bauen.

In Tibet wurden von allen Schulen fünf traditionelle Śāstra-Gebiete studiert: Vinaya, Abhidharma, Prajñāpāramitā, Madhyamaka und Pramāna. Weil jedes dieser Gebiete normalerweise mehrere Jahre eines Vollzeitstudiums erfordert, erlangt man wirkliche Meisterschaft erst nach zwölf oder mehr Jahren intensiven Studiums und intensiver Praxis. Manchmal studiert jemand jahrelang in aller Gründlichkeit nur ein paar Schlüsseltexte, setzt sie mit verschiedenen Themen in Beziehung und vergleicht verschiedene Interpretationen miteinander. In der Nyingma-Tradition wurden dreizehn Texte aus der indischen Śāstra-Tradition für so wichtig erachtet, dass jeder sie kennen musste. Nicht alle liegen heute als Übersetzungen vor, aber die bereits zugänglichen Texte würden ein exzellenter Ausgangspunkt für ein Studium sein. Studenten, die in Ländern ohne starke Dharma-Tradition aufgewachsen sind, werden es schwer haben, zum Kern dieser Lehren vorzudringen. Aber ich bin überzeugt, dass jeder, der die Bereitschaft mitbringt, zwanzig oder dreißig Jahre der sorgfältigen Erforschung dieser Texte zu widmen, profundes Wissen erlangen wird. Diesem Weg zu folgen, kann das Verständnis von Wissen an sich transformieren. Es kann fundamentales Umdenken, was die gültigen Gedanken- und Erziehungsmodelle betrifft, anregen und einen enormen Einfluss auf die Gesellschaft als Ganzes haben.

Gegenwärtig gibt es nicht viele Menschen, die in der Lage sind, die ganze Tiefe solcher Lehren wertzuschätzen. Auch mir selbst fehlen dazu das Training und die Einsicht. Trotzdem können wir hoffen, dass dieses Verständnis eines Tages wieder blühen wird. Wenn eine Epidemie Übel wie Krankheit und Tod verbreiten kann, warum sollte es dann nicht auch eine Epidemie der Verwirklichung geben: einen Kreislauf des Erwachens, der so viel Schwung gewinnt, bis er weiterrollt mit dem Donnerhall einer Ozeanwelle – das Brüllen des Löwen der Verwirklichung – alles gewöhnliche Wissen und alle Hindernisse überschreitend? Warum kann Wissen sich nicht selbst erzeugen, spontan aufflackern wie ein Feuer und die Möglichkeit für Fehler hinter sich lassen?

Intellektuelle Einsicht und Bewusstheit

Obwohl der Hintergrund und die Interessen vieler Studenten die Vermutung nahe legen, dass sie von einem ernsthaften Studium der traditionellen Lehren profitieren könnten, weisen sie doch die hohe Wichtigkeit dieser Studien von der Hand. Auf die Frage nach dem Grund antworten sie, dass ihnen die höheren Lehren, wie etwa rDzog-chen, wichtiger erscheinen. Ich halte das für eine falsche Unterscheidung. Einer meiner Lamafreunde, ein wahrhaft rDzog-chen-Praktizierender, sagte mir einmal, dass jeder, der den Madhyamaka-Weg der Selbstanalyse verstehe, rDzog-chen ohne viel Anstrengung begreifen könne. Damals war ich überrascht, einen rDzog-chen-Meister so reden zu hören, aber heute glaube ich zu wissen, was er meinte. Das Madhyamaka-Verständnis von Śūnyatā erklärt die Natur des Geistes und liefert so eine solide Grundlage für die rDzog-chen-Praxis.

Wenn eine Praxis in Śūnyatā wurzelt, dann werden Erscheinung und Leerheit als untrennbar gesehen. Besteht in diesem Fall – wenn alles als Offenheit erscheint – sogar die Möglichkeit, aus der Bewusstwerdung zurück in Samsara zu fallen? Wenn es keinen Ort gibt, wohin man fallen könnte, was kann dann falsch sein? Es kann keine Fehler geben und auch kein Wesen, das in die Irre geführt wird. Der Körper selbst wird zum Himmel und das Brüllen des Löwen, der gewaltige Klang der Verwirklichung, breitet sich mühelos in alle Richtungen aus.

Die besondere Kraft des rDzog-chen besteht darin, eine Verwirklichung hervorzubringen, die identisch ist mit der, die der Buddha nach endlosen Kalpas voll Anstrengung selbst erlangte und die noch in diesem Leben für uns erreichbar ist. Die Grundlage für rDzog-chen, der Start und die Basis, ist das Studium von Śūnyatā. Der Praktizierende beginnt mit intellektueller Erforschung, die sich auf Begriffe stützt, und ruht nicht eher, bis Wissen alles durchdringt und Hindernisse in die beiden Anhäufungen von Verdiensten und Weisheit transformiert sind. Dadurch wird eine Triebkraft aktiviert, die zum vollen Verständnis der Natur des Geistes führt, so dass Emotionalität und falsche Sichtweisen, die Samsara aufrechterhalten, nicht mehr entstehen.

Für diejenigen, die bezweifeln, dass der gewöhnliche Geist das höchste Wissen erreichen kann, wird es schwer sein, mittels Analyse Zugang zu tieferem Verständnis zu gewinnen. Aber die Unterscheidung zwischen Gewöhnlichem und Höchstem ist in sich selbst schon ein Hindernis. Für Menschen mit einem offenen Geist bauen sich Studium und Praxis aufeinander auf. Die Lehren zeigen den Weg zu einer tieferen Praxis. Wenn sich diese vertieft, dann werden wir selbst die Lehren - wir verkörpern sie.

Es stimmt, dass intellektuelles Erforschen von den Strukturen des gewöhnlichen Geistes abhängig ist. Wenn diese Strukturen aber selbst nicht fest sind, warum sollten sie dann ein Hindernis sein? Die Schriften lehren, dass Erleuchtung nur deshalb möglich ist, weil wir bereits untrennbar vom Potential zur Erleuchtung sind, wie trübes Wasser, das von Natur aus klar ist. Wenn das so ist, warum lehnen wir dann ab, was der Geist uns bietet? Warum lassen wir zu, dass unser kritisches Urteilen bzw. unsere Reaktionen auf konzeptionelles Untersuchen das letzte Wort haben?

Der Dharma weist uns einen besonderen Weg, um unseren Intellekt zu trainieren. Der springende Punkt ist nicht ein Lexikon voller Bedeutungen zusammenzutragen, die uns die Möglichkeit zu akzeptieren oder abzulehnen geben, sondern zu fragen, wie der Geist urteilt und etikettiert. Woher kommen Bedeutungen? Wie entstehen Wahrnehmung und Erfahrung? Wie werden sie lebendig? Wie entsteht Erfahrung und wie wird sie mit einer Identität versehen?

Wenn wir solche Fragen verfolgen, sind wir unter Umständen versucht, uns in lange Geschichten mit komplizierter Handlung einzulassen. Zwar können Geschichten sehr interessant sein, aber es kann noch interessanter sein zu untersuchen, was ‚interessant', so interessant macht. Schließlich merken wir womöglich, dass die Geschichten, die wir erzählen, nichts anderes sind als Varianten von Geschichten, die jeder seit undenklichen Zeiten erzählt. Dann entscheiden wir vielleicht, dass das Interessante gar nicht wirklich interessant ist. Aber es ist in sich selbst interessant, dass Verwirklichung uns mit treffenden Informationen über unsere Existenz in der Welt versorgt und fundamentale Fragen darüber stellt, wer wir sind. Wie konnten die Dinge über so lange Zeit in der gleichen Art und Weise ihren Lauf nehmen? Wenn Muster sich selbst wiederholen, was bedeutet es dann, einen neuen Gedanken zu haben? Finden alle Gedanken innerhalb eines umschriebenen Horizontes statt oder kann der Horizont sich für das Denken ändern?

Durch einen fragenden Geist und seine Aktivitäten lernen wir sowohl von unserem Körper als auch von unserem Geist guten Gebrauch zu machen. Je mehr wir fragen, desto fähiger werden wir, unsere Intelligenz und unsere Handlungen anders zu lenken, sie bereitwilliger dem zuzuwenden, was Bedeutung hat. Die Art, wie wir sehen, wie wir denken und wie wir der Wirklichkeit auf einer relativen Ebene Sinn beimessen: All diese Strukturen bilden das Material zum Neukonstruieren. Wer immer wir sind, was auch immer unsere Ausbildung und unser Rang ist, das ist Wissen, auf das wir zurückgreifen können, um unserem Leben Bedeutung zu verleihen. Auf diese Art öffnet uns intellektuelles Erforschen eine reiche, neue Weise zu sein, eine, die wir direkt verkörpern können.

Der Weg zu solcher Verwirklichung – der Weg des Studierens und Nachdenkens – ist nicht schwierig zu gehen. Denken und Fragenstellen haben ihre eigene Dynamik. Wenn wir unsere Gedanken ansehen – ohne auf ihren Inhalt zu achten bzw. sie zu benennen oder zu zählen, aber ihren Charakter und ihre Gegenwart als Gedanken schätzen – dann verkörpern wir diese Dynamik schon.

Wenn wir lernen Einsicht zu kultivieren durch den traditionellen Drei-Stufen-Weg, durch Studium, durch Nachdenken über das, was wir studiert haben, und durch Üben, dann sehen wir selbst, welchen Wert ein ausgewogener Umgang mit Wissen hat. Schließlich werden wir einsehen, dass die erleuchteten Eigenschaften schon für uns erreichbar sind. Wir entdecken, dass unsere eigene Verfügbarkeit für Wissen identisch ist mit der Verfügbarkeit der vorhandenen Lehren; wir entdecken, dass wir Partner der Buddhas sind. Dann wird Praxis mühelos.

Sobald Studium und Untersuchen voll ausgeschöpft werden, geben sie unserer Praxis Substanz und Form. Wissen entfaltet sich auf natürliche Weise, wie die Blütenblätter einer Blume, die sich der Sonne zuwendet. Unsere gewöhnliche und augenblicklich gegenwärtige Wirklichkeit unserer eigenen Existenz wird die Grundlage für höchstes esoterisches Wissen. Wir stellen fest, dass die relative und die absolute Wahrheit eine zugrundeliegende Einheit widerspiegeln, eine Koexistenz, die nur schwer erklärbar, aber leicht zugänglich ist. Beide zu trennen, ist relative Wahrheit. Aber ihr gegenseitiges Sichdurchdringen zu sehen bedeutet, bei der letzten Perspektive angekommen zu sein. Auf dieser letzten Ebene kann das Studium in der Tat enden. Es hat keinen Sinn mehr, über Wahrheit zu reden oder Betrachtungen anzustellen. Es gibt keine Grundlage mehr zum Vergleichen, und es gibt nichts mehr zu sagen.

Wie kann der Dharma unserem heutigen Leben nutzen?

Als ich in den späten sechziger Jahren in den Westen kam, traf ich auf Offenheit für neue Ideen und neue Lebensstile, was der Aufnahmebereitschaft für bestimmte Aspekte der buddhistischen Lehre zugute kam. Das Interesse am Dharma hat seitdem stark zugenommen, das Wesen dieses Interesses hat sich jedoch geändert. Heute werden spirituelle Werte zunehmend von den Verlockungen des Materialismus verdrängt, von einem steigenden Bedürfnis nach Sicherheit, der Sorge um eine erfüllende Karriere und von der Faszination der Technologie. Die Menschen, die sich heutzutage für den Buddhismus interessieren, fragen eher danach, wie man die Lehren des Buddha anwenden kann: in den Naturwissenschaften, in der Psychologie, bei der Arbeit oder bei so allgemeinen Anliegen wie Entspannung und Stressbewältigung.

Dieser weltliche und praktische Zugang zum Buddhismus kann sehr wertvoll sein, aber es kann auch der Vertiefung der eigenen Praxis hinderlich sein. Die Schwierigkeit besteht nicht darin, dass eine weltliche Lebensauffassung im Gegensatz zur Religion steht, es ist eher die allzu große Sorge um materielle Werte, die Zeit und mentale Energie verbraucht. Es bleiben nur wenige Gelegenheiten, um über Fragen nach dem Sinn und der Bedeutung des Lebens nachzudenken. Wenn derartige Fragen nicht mehr wichtig sind, dann werden bald nicht nur die Religionen ihre hohe Bedeutung einbüßen, sondern auch Philosophie und Psychologie, ebenso wie viele andere Wissens- und Forschungsgebiete.

Der Buddhismus könnte tatsächlich dazu beitragen, diese potentielle Spaltung zwischen weltlichen Belangen und spirituellen oder existentiellen Fragen zu heilen. Die Frage, wie man die Lehren anwenden kann, war in der Dharma-Tradition schon immer von zentraler Wichtigkeit. Es ist nicht das Ziel des Pfades, ein theoretisches Verständnis der menschlichen Bedingungen zu erlangen, sondern danach zu streben, die menschlichen Wesen von der Bürde ihrer karmischen Fesseln und den Geist von seinen selbstgesetzten Grenzen zu befreien. Gemäß dem Dharma soll Wissen der ganzen Breite der menschlichen Bedürfnisse und Sorgen dienen, den weltlichen wie den religiösen. Tatsächlich müssen sich die weltlichen und die religiösen Belange und Werte vereinen, damit die wahre Bedeutung des Dharma verwirklicht werden kann.

Manchmal wird von Kritikern behauptet, Menschen, die sich zum Dharma hingezogen fühlen, seien unfähig, mit den Realitäten des Lebens fertig zu werden und suchten einen bequemen Ausweg aus den konventionellen Verantwortlichkeiten. Sobald jedoch die Verbindung zwischen Alltäglichem und den Lehren des Buddha deutlich wird, macht dieser Vorwurf keinen Sinn mehr. Die Realität der Dharma-Praxis spricht auch gegen diesen Vorwurf, denn es gibt kaum einen spirituellen Weg, der mehr verlangt, intellektuell, ethisch und in Bezug auf die Verantwortung für alltägliche Dinge.

In vielerlei Hinsicht wird die Dharma-Praxis durch die weltlichen Werte und die Orientierung des Westens unterstützt. Prinzipiell bedeutet Religionsfreiheit, dass Anhänger des Buddhismus ungestört ihren eigenen Weg verfolgen können. Praktisch ausgedrückt: Die Fortschritte der modernen Gesellschaft in der Kommunikationstechnik, verbunden mit den Idealen persönlicher Freiheit und Chancengleichheit, gewähren fast jedem Menschen leichten Zugang zu Informationen über den Buddhismus. Denn schließlich wird im Westen

Erziehung und Wissen sehr gefördert, beides grundlegend buddhistische Werte, wenn auch in der buddhistischen Tradition völlig andere Konzepte darüber bestehen als im Westen.

In eher subtiler Weise unterstützen verschiedene Trends in der modernen Welt die Wertschätzung wesentlicher Elemente der buddhistischen Lehren. Die zahllosen Veränderungen und die von der Technologie hervorgebrachten Neuerungen, der endlose Strom von Informationen und Entertainment, all dies fördert die Erkenntnis, dass es zahlreiche Formen von Wissen gibt und ebenso viele verschiedene Wege den Geist zu gebrauchen. Schließlich leben wir in einer Gesellschaft, in der Wissen unser Leben von Grund auf verwandelt hat. Weil diese Veränderungen weiter anhalten, wird die Macht des Geistes direkt vor unseren Augen sichtbar und beeinflusst uns unterschwellig, wenn nicht sogar offenkundig.

Weil in der heutigen Zeit Menschen aus allen Lebensbereichen merken, dass Wissen von unerwarteten Quellen kommen kann, wird der potentielle Wert des Dharma bereitwillig anerkannt und geschätzt. Dieses Interesse kann wiederum helfen, die Lehren erreichbar zu machen und sie zu verbreiten. Wenn die richtigen Bedingungen zusammentreffen – wenn Karma reift – wie die Buddhisten sagen, dann wird vielleicht die Verwirklichung gar nicht so schwer zu erlangen oder auf andere zu übertragen sein.

Den traditionellen Buddhismus mit modernem Gedankengut verbinden

Der Buddha lehrte, dass die Antwort auf unsere Schwierigkeiten im Geist zu finden sei. Diese Botschaft entspricht unserer heutigen Denkweise. In einer Gesellschaft, in der durch neue Technologien fest etablierte Bräuche fast routinemäßig aufgehoben werden und in der kulturelle Einflüsse aus der ganzen Welt unablässig zusammenwirken, ist die zentrale Rolle, die der Geist bei der Formung unserer Erfahrung spielt, fast selbstverständlich. Wir gebrauchen den Geist zwar gewohnheitsmäßig, aber es liegt trotzdem auf der Hand, auch seine verborgenen Tiefen anzuerkennen. Auf einer gewissen Ebene scheint für uns Menschen die Vorstellung nicht schwierig zu sein, dass die Erforschung dieser Tiefen des Geistes einen direkten Pfad zur Erleuchtung öffnen kann.

Gegenwärtige soziale und intellektuelle Strömungen unterstützen die Offenheit für den Dharma auch noch auf anderer Ebene. Es macht sich zunehmend die Erkenntnis breit, dass die Art von Wissen, die in den vergangenen Jahrhunderten im Westen gepflegt wurde, so wunderbar sie auch ist, gleichzeitig eine Art Gift enthält, das unermesslichen Schaden verursacht hat. Samsara scheint uns heutzutage fester im Griff zu haben denn je. Man könnte sagen: Samsara ist unsere einzige Zuflucht geworden. Mit anderen Worten: Wir haben überhaupt keine Zuflucht mehr. Viele Menschen haben die schädlichen Folgen dieser Lebensweise erkannt und suchen nach Alternativen. Wenn diese Suche auch nicht dazu führt, sich von der Welt zurückzuziehen, um Nonne oder Mönch zu werden, so hilft sie doch zu erkennen, wie fest wir in der Falle von Verwirrung und Ignoranz sitzen und wie wir die Probleme, denen wir uns gegenüber sehen, selbst verursacht haben.

Man könnte das Thema so darlegen: Ziel der materialistischen Werte, die die moderne Gesellschaft hervorbringt und denen sie dient, ist die Befriedigung der Bedürfnisse des Selbst. Es scheint uns aber nicht zu gelingen, dieses Ziel zu erreichen, jedenfalls nicht in Bezug auf Erfüllung und dauerhafte Befriedigung. Könnte es denn nicht einen wirkungsvollen Weg geben, das Selbst zufriedenzustellen, einen, der unserem Leben Sinn und Erfüllung gibt? Der Dharma hat möglicherweise eine Antwort. Nur sollte man sie nicht missverstehen. Es geht nicht darum, alle Wünsche und Vergnügungen aufzugeben und unser Leben auf einer ganz anderen Grundlage zu leben. Die Lehren des Buddha laden uns dazu ein, den immer verlangenden Geist in Frage zu stellen und stattdessen zu untersuchen, wie Verlangen entsteht. Die Lehren zeigen uns, wie man Erkenntnisse über den Geist kultiviert, so dass sich uns ganz neue Möglichkeiten auftun, mit Verlangen umzugehen.

Der Geist ist besonders veränderlich. Er kann in Stumpfheit verfallen und wir vergeuden unsere Zeit mit Trivialitäten; oder er kann Geschichten erfinden, die die Wahrheit unserer Situation verbergen; aber er kann auch sehr kreativ sein und wahre Freude und Bedeutungsvolles hervorbringen. Sobald wir akzeptieren, dass beide Möglichkeiten zur Verfügung stehen – dass der Geist, so wie er gerade ist, die Fähigkeit hat, den Geist zufriedenzustellen – dann merken wir, dass der weltliche Geist seine eigenen Grenzen überschreiten kann. Die Tür ist offen für einen Frieden – tiefer als das Gefühl der Sättigung nach der Erfüllung von Wünschen – und für eine Sicherheit – sicherer als jedes Besitzen.

Den Dharma mit aktuellen Werten und Anliegen in Verbindung zu bringen, scheint mir von grundlegender Wichtigkeit. In meinen Büchern der Nyingma-Psychologie-Serie habe ich versucht diese Verbindung herzustellen, obwohl die Bücher eigentlich nur Einführungen zu bestimmten buddhistischen Themen und Fragen sind. Das Gleiche habe ich in den ‚Raum, Zeit und Erkenntnis'-Büchern versucht. Sie vermitteln eine Fragetechnik, die sich gut für das Dharma-Studium eignet, die aber auch für weltliche Belange brauchbar ist. Diese Werke haben keinen dogmatischen Anspruch und beruhen nicht auf einem Glaubenssystem. Möglicherweise dienen sie einzelnen Menschen, darunter auch Intellektuellen und Naturwissenschaftlern – skeptisch gegenüber allen Religionen – als Pforte zu einem Wissen, das über den gewöhnlichen Geist hinausgeht.

Die TSK-Vision* könnte als Antwort auf eine in westlicher Kultur einmalige Dynamik gewertet werden. Das Glaubenssystem, das diese Gesellschaft einmal regiert hat, wird durch eine weltlich orientierte Denkweise immer mehr in Frage gestellt. Darauf gibt es zwei Hauptantworten. Die eine – die hauptsächlich aus bestimmten religiösen Gruppen kommt – ist, sich zurückzuziehen von denen, die sich außerhalb dieses Kreises von Gläubigen befinden. Aber es gibt da auch noch die Denker und Praktizierenden. Sie versuchen ihren eigenen Glauben mit dem Glauben und den Ansichten der Gesellschaft, in der sie leben, in Einklang zu bringen. Einerseits werden die Trennlinien und der Grat zwischen den konkurrierenden Glaubensrichtungen schärfer definiert; andererseits bewegen sich immer mehr Menschen in den großen, offenen Räumen zwischen diesen engen Enklaven. Sie wollen verschiedene Glaubenssätze und Werte formen, die als universal betrachtet werden können.

TSK könnte als eine Lehre für diese offenen Räume gesehen werden. Sie besteht auf keinerlei moralischen Prinzipien, gründet keine Tempel, weiht keine Priester und setzt ihr Vertrauen nicht auf etwas, das im Entferntesten an Gebete oder Anbetung erinnert. Allerdings wirkt die Offenheit, der TSK Gestalt verleiht, in einer anderen Dimension. TSK lehnt die Dichotomie von ‚offen' und ‚geschlossen' sowie die Trennung von ‚innen' und ‚außen' ab. Von einer TSK-Perspektive aus taucht eine Überzeugung nicht an irgendeinem unzugänglichen, privilegierten Ort auf, um die Wirklichkeit zu gestalten.

* *erläutert in der Time-Space-Knowledge Buchserie des gleichen Autors*

Wissen ist bereits vorhanden, es ist frei, sich selbst in jeder beliebigen Form darzustellen.

Dieser Weg zerstreut alle Bedenken für diejenigen, die vielleicht bei der Forderung nach ‚höherem' Wissen skeptisch werden. Er legt nahe, Wissen ‚über' mit allen seinen konkurrierenden Aspekten durch ein mehr globales Wissen ‚in' zu ersetzen. TSK lokalisiert die Quelle dieses neuen Wissens nicht irgendwo anders, sondern in einer spielerischen Untersuchung des Wissens, mit dem wir bereits vertraut sind. Praktisch ausgedrückt heißt das, dass Menschen nicht an eine Hierarchie gebunden sind. Sie können gleichermaßen mühelos die Rolle des Lehrers wie des Schülers bzw. des Beobachters wie des Teilnehmers annehmen.

Unabhängigkeit von Autorität

Trotz der vielen Übereinstimmungen zwischen den Lehren des Buddhismus und einer weltlichen Orientierung gibt es doch auch viele Punkte potentieller Konflikte. Einer der wichtigsten ist, dass Menschen, die in einer weltlichen Kultur aufgewachsen sind, alle Formen von Autorität ablehnen. Studenten des Buddhismus, ob sie nun in einer agnostischen oder in einer atheistischen Familie aufgewachsen sind oder ob sie sich von dem Glauben, in dem sie erzogen wurden, abgewendet haben, weisen fast alle diese antiautoritäre Haltung auf. Folglich beharren sie auf der Meinung, sie hätten die Freiheit, ihr eigenes Verständnis vom Buddhismus zu entwickeln, selbst dann, wenn es nicht im Einklang mit der Tradition steht. Ich habe gründlich über dieses Thema nachgedacht. Hier möchte ich es besonders unter dem Gesichtspunkt des Anspruches auf persönliche Autonomie betrachten: Jedes Individuum hat das Recht, seinen eigenen Weg zu finden, anstatt einfach dem zu folgen, was andere in der Vergangenheit getan oder geglaubt haben.

In diesem Gedanken steckt eine tiefe Wahrheit, die die Praxis des offenen Hinterfragens in den Vordergrund rückt. Trotzdem kann es vorkommen, dass Menschen, die darauf bestehen, nach ihrem eigenen Glauben und ihren persönlichen Werten zu leben, gerade an dem Punkt aufhören, Fragen zu stellen, wo der Dharma es ganz besonders empfiehlt. Obwohl diese Menschen alle offengelegten Werte und Wahrheiten herausfordern, vergessen sie dabei den Herausforderer selbst herauszufordern. Vom buddhistischen Standpunkt aus kann es sich keine Untersuchung des Geistes erlauben, ein so zentrales Element unseres Erlebens ungeprüft zu lassen. Vielleicht ist es hilfreich, detailliert zu beschreiben, wie man bei einer solchen Untersuchung vorgehen könnte.

Wenn ein Individuum insistiert selbst zu entscheiden, was Wert hat und welchen Werten man folgen sollte, dann besteht die Schwierigkeit darin, dass diese Motivation vom Selbst kommt. Dies bedeutet in der Tat, die Überzeugungen des Individuums gegenüber Fragen immun zu machen. Das Recht auf ‚unabhängiges' Fragen wird zum Recht, abhängig zu sein von ‚meinem' Selbst: von meinen Motiven und Überzeugungen, meinem Glauben und meinen Voraussetzungen. Aber woher kommen diese alle? Sind sie vielleicht einfach nur Ausdruck dessen, was mir gefällt und was nicht? Wenn das stimmt, kann ich dann die Quelle dieser emotionalen Reaktionen zurückverfolgen oder muss ich einfach den Schluss ziehen, dass ‚Unabhängigsein' letztlich nichts anderes ist als willkürliches Handeln, ohne einen besonderen Grund, außer dem, dass es ‚mein' Wille ist?

Wenn ich mich entscheide, auf der Basis meiner persönlichen Überzeugungen und Werte zu handeln, bringe ich damit zum Ausdruck, dass ich an ‚meiner' Art des Denkens und

Fühlens festhalte. Warum aber sollte ich annehmen, dass meine eigenen Gedanken und Vorlieben ‚wahrer' und verlässlicher sind als die anderer? Warum sollte ich mich darauf einlassen, mich von den Einsichten einer solchen Quelle führen zu lassen? Wenn ich mich darauf einlasse, bin ich dann nicht auf einer anderen Ebene zum Mitläufer geworden?

Die Forderung, das Selbst sollte derjenige sein, der seinen eigenen Weg wählt, scheint zum Teil auf einer Spaltung zu beruhen, die ich zwischen dem ‚Ich' als Handelnder und dem ‚Ich' als der Quelle von Werten schaffe. Aber wer ist dieses ‚Ich', das an Glauben festhält und Glauben aufstellt, wenn nicht derjenige, der handelt? Wenn ich mich selbst zu der Autorität ernenne, auf die ich mich verlasse, ist dann dieses geteilte ‚Ich' überhaupt real?

Noch einmal: ist das von einem Selbst ernannte Wissen vertrauenswürdiger als irgendein anderes Wissen? Wenn nicht, dann könnte die auf der Grundlage dieses Wissens getroffene Entscheidung sehr wohl falsch sein. Vorausgesetzt mir liegt etwas daran, ob meine Entscheidungen richtig oder falsch sind und ob sie für mich oder andere von Wert sind, dann ist dies keine annehmbare Lösung. Vielleicht möchte ich nach meinen eigenen Ansichten handeln, weil ich davon überzeugt bin, dass letztendlich auf keine Wissensquelle Verlass ist. In dem Fall ist mein Geist schon verschlossen für die fundamentalen Lehren des Dharma, nämlich dafür, dass ein höheres oder profunderes Wissen für uns alle erreichbar ist. Kann man wirklich auf so einer problematischen Grundlage eine neue Version des Dharma aufbauen?

Vielleicht gibt es einen Weg, das Thema Autonomie neu zu überdenken. Er sollte eine Alternative zu diesen Möglichkeiten, die in eine Sackgasse führen, anbieten. Wenn wir auf uns selbst als Wissensquelle vertrauen, dann sind wir bereit, Verantwortung zu übernehmen für dieses Wissen, das ausnahmslos ‚meins' ist. In diesem Fall bin ich verpflichtet, ‚mein' Wissen so gründlich wie möglich zu überprüfen. Wie können wir nun wissen, ob unsere Ansichten richtig und verlässlich sind? Wie gelangen wir zu absoluter Gewissheit darüber? Genügt es, wenn wir unsere Handlungen begründen können? Oder müssen wir ein Wissen entwickeln, das vertrauenswürdiger ist und auf einem tieferen Verständnis, wie ‚mein' Geist funktioniert, beruht? Wissen wir, wie man solche Erkundungen anstellt?

Theoretisch bestehen wir auf Autonomie, aber die Verantwortung für unser eigenes Wissen und unsere Handlungen lehnen wir ab. In diesem Fall behaupten wir, dass wir tun können, was wir wollen, ohne es vor uns selbst oder jemand anderem zu rechtfertigen. Vielleicht sehen wir uns im Namen von persönlicher Freiheit und Gleichheit zu dieser Forderung veranlasst. Was aber, wenn unsere Wahl zur Zerstörung von Freiheit führt, für uns und für andere? Können wir diese Möglichkeit einfach hinnehmen und uns auf die Tatsache berufen, dass es nicht unsere Absicht war? Wenn weitere Nachforschungen, die überhaupt nicht auf ‚meiner' Überzeugung basieren, uns enthüllen, dass der Kurs tatsächlich dorthin führt, könnten wir es dann ablehnen, auch diesen Kurs einzuschlagen?

Als Antwort könnten wir argumentieren, dass Wissen nie am Selbst und seinen Motiven vorbeikommt. Wir könnten auch behaupten, dass kein verlässlicheres Wissen zur Verfügung steht. Wir haben bereits gesehen, dass solche Behauptungen im Widerspruch zu den fundamentalen Lehren des Buddha stehen; aber sie passen auch nicht zu der Art, wie wir in der Welt funktionieren. Wir erwarten oft ein Wissen, das zuverlässiger ist als das unserer eigenen, nicht fundierten Überzeugungen. Darum haben wir zum Beispiel Ärzte und Piloten. Warum sollten wir uns auf eine andere Regel verlassen, wenn es darum geht, unser Leben zu regieren, besonders dann, wenn uns das immer wieder in neue Schwierigkeiten bringt? Warum sollten wir unserem Wissen besondere Privilegien einräumen und es unanfechtbar machen?

Wenn wir uns trotz alledem entscheiden, dass die Wünsche und Motive des Selbst über alle Zweifel erhaben sind, dann haben wir möglicherweise mehr verschenkt, als wir denken. Die buddhistische Analyse des Geistes behauptet, dass die Art und Weise, wie wir uns als Selbst manifestieren, nicht zu trennen ist von der Art und Weise, wie wir wissen. Zum Beispiel ist unser Selbstbild von unseren Sinnen durchdrungen: Alles, was wir sehen und hören, geschieht als Selbst. Wenn das Verständnis von unserem Selbst sich ändert, dann ändert sich auch, was wir sehen und hören. Genauso wird auch alles, was wir für vernünftig und gerecht halten, die Ordnung und die Werte unseres Selbstbildes widerspiegeln. Wenn wir darum unser Selbst vom Hinterfragen ausschließen, dann schließen wir auch die Welt, wie sie unseren Sinnen erscheint, und die Werte, die wir als gerecht und wertvoll empfinden, aus. Was bleibt noch übrig? Was ist aus der Verpflichtung des Hinterfragens geworden, die der Dharma-Praxis zugrunde liegt?

Wenn wir uns auf das Selbst als höchsten Schiedsrichter verlassen, so beschränken wir das zu Hinterfragende auf Gebiete, die für das Selbst nicht wirklich wichtig sind. Wenn ich nur in eine Richtung schaue, habe ich keine Grundlage für einen unabhängigen Standpunkt. Wenn ich mit meinen Handlungen einen bestimmten Kurs einschlage, dann blockiere ich die Warnung meiner inneren Stimme, die sagt: „Schau noch einmal hin!" Indem wir auf der Autonomie des Selbst bestehen, indem wir garantieren, dass der Sohn sich immer loyal dem Vater gegenüber verhält, tun wir mehr (oder weniger) als uns nur selbst von Autorität zu befreien. Wir bestätigen die Herrschaft der Unwissenheit.

Eine neue Quelle des Wissens

Autorität im Namen des Selbst zurückzuweisen, heisst, sich der tyrannischsten aller Autoritäten auszuliefern. Anstatt nach verlässlichem Wissen zu suchen, geben wir uns zufrieden mit dem, was ,Ich' will, und zwar aus keinem überzeugenderen Grund als weil ,Ich' es sage. Wir bilden unsere eigene Hierarchie, unsere eigene ,Kirche des Selbst'. Sogar wenn wir vermuten, dass derjenige, der die Entscheidungen trifft, keinen besonderen Anspruch auf Wissen erhebt, so ist die Struktur doch bereits festgelegt. Die Wahrnehmung ist abgeschlossen, die Identifikation vollkommen. Es ist sinnlos, sich zu widersetzen.

Nehmen wir an, wir umgingen die Herrschaft eines tyrannischen Selbst, indem wir vollkommen spontan handeln würden. Die Schwierigkeit bei dieser Methode liegt darin, dass die Wahrnehmung, die selbst die spontanste Handlung beeinflusst, schon durch das Regime des Selbst vorbestimmt ist. Also – welche Basis kann es für die ,spontanen' Handlungen des Selbst schon geben, außer den Vorlieben und Abneigungen des Selbst, wenn ich die Entscheidung nicht einfach dem Würfel überlasse? Wenn wir uns also auf Vorlieben und Abneigungen stützen, dann ist unsere Wahl absolut nicht spontan, denn beide entstehen auf der Grundlage früherer Erfahrungen des Selbst. Schließlich wird, wenn wir die Autorität des Selbst proklamieren, nur ,Ich will' durch ,Ich weiß' ersetzt. Ein solcher Anspruch auf Unabhängigkeit ist letztlich nichts anderes als Kleidung, mit der das Selbst seine nackte Begierde bedeckt.

Wenn es überhaupt eine Rechtfertigung dafür gibt, dem Selbst die absolute Autorität zu überlassen, dann höchstens die, dass wir nicht irgendjemandem Macht über uns geben wollen. Bei diesem Weg verlieren wir zuviel an den eingebildeten Unterdrücker, denn er ernennt nicht Wissen, sondern Macht letztendlich zum Richter. Man kann sich kaum einen widersinnigeren Standpunkt zu den Lehren des Dharma vorstellen.

Das alles scheint übertrieben zu sein, aber meine Erfahrung in diesem Land hat mich eines Besseren belehrt. Die Idee der persönlichen Autonomie ist so tief verwurzelt bei westlichen Dharma-Studenten, dass sie ohne viel Selbstbeobachtung zu üben, die Konsequenzen in Kauf nehmen. Heute dient ein Student dem Dharma, weil er es so will, und morgen quittiert er diesen Dienst, weil das jetzt sein Wunsch geworden ist. Das Selbst als eigenmächtiger Meister ist der Schatten, der sich an die Ferse jeder verdienstvollen Handlung heftet.

Wenn wir uns auf einen solchen Meister verlassen, leben wir in großer Ungewissheit und haben keinen festen Boden unter den Füßen. Wir können weder mit Überzeugung behaupten, dass wir immer entsprechend unseren höchsten Werten handeln werden, noch können wir uns darauf verlassen, dass wir äußerste Anstrengungen machen, um einen stabilen und konzentrierten Geist zu entwickeln. Aber ohne diese Stabilität können wir nicht die Kraft der Kontemplation entwickeln und auch nicht erfolgreich nach Wissen streben. Wenn der Geist in verschiedene Richtungen tendiert, dann fühlt sich unser Leben wie ein ständiger Konflikt an. Kopf und Herz sind aus dem Gleichgewicht und wir fühlen uns außerstande, die Dynamik in Gang zu setzen, die Samsaras Schlingen zu durchschneiden vermag.

Der Dharma lehrt einen anderen Weg. Menschliches Wissen muss nicht automatisch der Autorität des Selbst überlassen werden. Ohne die Streitfrage über Besitzerrechte und Autonomie zu lösen, können wir uns ganz einfach entschließen, mehr Wissen und größere Achtsamkeit anzustreben. Wir können lernen, zu hören, zu beobachten und die Umstände, in denen wir uns befinden, zu analysieren. Ehe wir handeln und dem Anspruch des Selbst nachgeben, haben wir Gelegenheit zu fragen, was wir tun, und auf einer tieferen Ebene können wir herausfinden, welches Wissen unsere Handlungen leitet. Schon eine kleine Öffnung reicht aus um anzufangen. Allmählich lernen wir, uns selbst Wissen beizubringen und eine sichere Basis zu bilden für das, was wir tun.

Diese Möglichkeit steht uns jederzeit offen. Wir können die Geschichten ansehen, die wir uns erzählen, während wir versuchen unserem Leben mehr Zusammenhang und Sinn zu verleihen. Wir können unsere Handlungen bewerten und erkennen, wann wir erfolgreich waren und wann nicht. Dabei finden wir die immer wiederkehrenden Muster von positiv/negativ und von auf und nieder. Wir können erforschen, welches Wissen im Allgemeinen unsere Entscheidungen beeinflusst und uns überlegen, wie wir verlässlichere Entscheidungen treffen können. Anstatt uns automatisch an ‚Ich', ‚mein' und ‚Selbst' zu wenden, können wir eine ausgewogenere, von aller Autorität befreite Lebensweise entwickeln. Wenn wir aussteigen aus der Achterbahnfahrt des Selbstbildes, dann kann die Erforschung von Wissen Teil unserer Arbeit, unserer Studien, unserer Praxis und unseres Seins werden. Wir können Stetigkeit entwickeln und die Lehren einladen, unser Herz und unseren Geist zu verwandeln.

Wenn Menschen des Westens lernen könnten, den Wunsch nach persönlicher Autonomie loszulassen, dann sähen wir den Pfad des Dharma, der auf dem Wissen, wer wir sind und wie wir funktionieren, beruht. Haben wir das erst einmal erkannt, dann wird die Sache relativ einfach. Wenn wir den Dharma direkt studieren und praktizieren, ohne uns allzu viele Gedanken darum zu machen, ob wir die Kontrolle eines Lehrers zulassen oder einer Tradition, die in anderen historischen Umständen verwurzelt ist, dann können wir auch das Selbst studieren, und das ist das lebendigste Studium von allen. Beim Studium des Selbst fangen wir an zu verstehen, was wir tun und warum. Wir entdecken die Klarheit und Entschlossenheit, so dass wir mit den Entschuldigungen und Rechtfertigungen, mit denen wir uns selbst und andere betrügen, radikal aufhören können. Die Stimme des Dharma verschafft sich selbst Gehör in unserem Herzen, wenn sie die Botschaft der Freude und der Einsicht bringt.

Für einen Dharma-Studenten, der das verstanden hat, lösen sich die Fragen, ob man am richtigen Platz ist oder ob man das Richtige tut, wie von selbst auf, ebenso Streitfragen um Autorität und Autonomie. Ob wir studieren, arbeiten, meditieren oder uns um das Wohl anderer bemühen, es besteht keine Notwendigkeit, irgendetwas nachzujagen, das wir nicht haben oder irgendwo hinzugehen, wo wir nicht sind. Für solche Studenten wird es immer natürlicher, sich auf Projekte zu konzentrieren, die dem Dharma dienen. Religiöse und devotionale Aspekte des Dharma rücken mehr in den Vordergrund. Ein Verständnis, das auf direkter Erfahrung beruht, wird in Herz, Kopf und Bauch spürbar. Das Ziel, für das wir alle arbeiten, wird immer klarer.

Die Lehren verkörpern

Solange wir den Dharma nicht verkörpern, bleibt unser Verhältnis zu den Lehren distanziert und in keiner Hinsicht wirklich befriedigend. Selbst wenn wir mit tiefer Wertschätzung studieren, letztlich können wir die Bedeutung der Texte, die wir bewundern und auf die wir uns verlassen, nur erraten.

Um die Lehren zu verkörpern, müssen wir selbst in die Tradition eintreten. Einige Studenten wünschen vielleicht, dass es anders sei, dass wir selbstständig bleiben und doch sofort mitten in das Herz der Verwirklichung springen könnten. Aber wenn wir diesen Kurs einschlagen wollen, laufen wir ernsthaft Gefahr, unsere eigene Unwissenheit und Verwirrung nur zu wiederholen (und an andere weiterzugeben).

In die Tradition eintreten heißt, nicht mehr darauf zu beharren, dass der Buddhismus mit den Verständnismöglichkeiten konform geht, die vom gewöhnlichen Geist und von konventionellem Wissen zugelassen werden. Es heißt vielmehr, sich der Praxis und einem gründlichen Studium der Schriften und Kommentare zu widmen, die über viele Jahrhunderte der buddhistischen Tradition geschrieben wurden. Darüber hinaus bedeutet es, so lange Geduld aufzubringen, bis Studium und Praxis Früchte tragen.

Bis dieser Punkt erreicht ist, ist es besser für Dharma-Studenten, die Tradition und die Lehren nicht zu sehr zu kommentieren, selbst dann nicht, wenn es aus tiefer Achtung vor dem Wert der Lehren geschieht und wenn sie die Rolle der Übertragungslinie bei der Dharma-Verbreitung schätzen. Wie kann der Geist seine eigene Natur erkennen, solange er selbst noch getrübt ist? Wenn er aber nicht seine eigene Natur kennt, wie kann er dann Erfahrung beurteilen oder die innere Bedeutung des Dharma weitergeben? Wenn der ‚rationale' Geist mit seiner Unzahl von Urteilen gezwungen ist, seine eigene Konditionierung fortzuführen, wie kann er da das Recht beanspruchen, andere Wissensformen zu akzeptieren oder abzulehnen. Wie kann er seine eigenen Werte und Standards auf eine andere Form des Verständnisses anwenden?

Der gewöhnliche ‚rationale' Geist funktioniert, indem er ein Objekt der Wahrnehmung bewertet, sei es nun ein physikalisches Objekt, eine Person oder ein Abstraktum. Indem er sich nach außen zum Objekt der Aufmerksamkeit wendet, kehrt er sich vom Verständnis für das Subjekt ab, von dem, der das Urteil bildet oder Verständnis entwickelt. Der Dharma erklärt uns jedoch, dass wir keinen Zugang zu verlässlichem Wissen haben, bis wir das Subjekt selbst gut verstehen. Prajñā, die höchste Weisheit, ist untrennbar vom Wissen über den Geist, der weiß. In der Tat, er ist die Verkörperung derartigen Wissens. Wenn Prajñā ihre Wirkung entfaltet, dann erhellt ihre Klarheit alles, was der Geist sieht, wenn sie aber fehlt oder ignoriert wird, dann manifestiert der Geist nur Verblendung.

Dieser Unterscheidung liegt eine sehr reale Schwierigkeit zu Grunde. Wenn Wissen vom Geist abhängt und der Geist Wissen untersucht, wie können wir dann jemals die Richtigkeit unseres Wissens prüfen oder uns auf die Urteile des Geistes verlassen? Es gibt ein traditionelles Bild, um dieses Problem zu verdeutlichen: Ein Mensch, der an Gelbsucht leidet, sieht alles in der Welt mit einem gelben Schimmer. Wenn der Geist das Wahrnehmungsorgan ist, nehmen wir nur wahr, was der Geist wahrnehmen kann. Wir interpretieren es nur derart, wie es dem Geist verlässlich und vertrauenswürdig erscheint. Irrt sich der Geist in seiner Ansicht oder funktioniert er fehlerhaft, dann fehlt uns jeder Zugang zum Wissen.

Um dieses Dilemma zu lösen, muss man herausfinden, wie der Geist arbeitet. Die Sūtras, die Abhidharma-Lehren und die Śāstra-Tradition belehren uns über den Geist; sie erforschen in aller Tiefe die Art von geistigen Ereignissen, die in unserem Bewusstseinsstrom aufsteigen, wie sie wirken und wie sie sich gegenseitig beeinflussen. Mit derartigem Wissen können wir allmählich sehen, wie wir der Verblendung und falschen Ansichten anheim fallen. Je tiefer wir in solche Studien und Übungen in Übereinstimmung mit den Lehren eintauchen, desto mehr lernen wir über die rechte Sichtweise, über die der Buddha sprach, und desto näher kommen wir in unserem Verständnis der Bedeutung des Dharma. Wenn dieses Wissen einen festen Platz in unserem Sein einnimmt, dann ist unser Geist selbst verwandelt.

Wahrscheinlich müssen wir Schwierigkeiten überwinden, bevor uns diese Behauptung sinnvoll erscheint, denn heutzutage, mehr denn je in der Geschichte, scheinen wir davon überzeugt zu sein, dass es für den Geist nur eine Art des Funktionierens gibt (besonders, wenn er gut funktioniert). Auch wenn wir die Möglichkeit des erleuchteten Geistes akzeptieren, so ist uns das Konzept doch zu fremd, um wirklich Bedeutung für uns zu haben. Aber das ist nicht das, was der Buddha lehrte. Der Dharma erklärt uns, dass der Geist tatsächlich anders arbeiten kann, und er bietet uns Methoden an, damit wir das erreichen können.

Diese Lehren und diese Vorgehensweise sind nicht esoterisch. Sie sind bereits im Noblen Achtfachen Pfad enthalten, den der Buddha aufzeigte, als er seine erste Lehrrede im ‚Deerpark' in Sārnāth hielt. Die Tatsache, dass diese Lehren so grundlegend und einfach sind, heißt aber nicht, dass wir sie als zu simpel und selbstverständlich abtun können und uns gar nicht damit befassen sollen. Sie enthalten genau das Wissen, das die Muster des samsarischen Geistes durchbricht und uns erlaubt, uns von Samsara ab- und dem Dharma zuzuwenden.

Wenn wir Körper, Sprache und Geist durch Geduld, Ehrlichkeit und diszipliniertes Hinterfragen auf den Dharma einstimmen, dann wird sich Wissen auf ganz neuen Gebieten entfalten, weit über das hinaus, was wir bis jetzt für möglich gehalten haben. Obwohl unser gewöhnlicher Geist uns immer noch gefangen hält, können wir erkennen, dass er und seine Funktionsweisen trügerisch sind und dass es sehr wohl möglich ist, Klarheit und Ordnung inmitten von Samsara zu erlangen. Das ist die Grundlage jeder Realisation. Nur so können wir den Pfad verkörpern.

In gewisser Hinsicht ist dieses Verständnis allerdings nicht leicht zu entwickeln und beizubehalten. Aber wir können tiefere Wertschätzung pflegen und unsere Einsichten vertiefen, wo immer wir uns auch auf dem Pfad befinden. Dazu müssen wir systematisch die gesamten Lehren des Buddha studieren und praktizieren. Sie sind in der Nyingma-Tradition als die Neun Fahrzeuge oder die Neun Yānās bekannt. Wenn wir bewusst eine Vision des Ganzen kultivieren, lernen wir zu verstehen, wie die universalen Wahrheiten des Dharma auf verschiedene Weisen und für verschiedene Zwecke ausgedrückt werden, um auf die Bedürfnisse der verschiedenen Individuen einzugehen, aber ohne dabei die Lehre des Buddha zu verzerren.

In diesem Augenblick können wir schon beginnen unsere Verbindung zum Dharma zu vertiefen. Wenn wir unsere Augen öffnen für die Wahrheit, die unserer Erfahrung innewohnt, und unser Herz für den Wert der Lehren, die der Buddha uns verfügbar gemacht hat, dann kann die Linie der Verwirklichung sich manifestieren – so simpel und direkt, dass man es fast fühlen kann. Wir sollten nie vergessen, welches Glück es bedeutet, dass wir so leichten Zugang zu Dharma-Materialien haben und mit Lebensumständen gesegnet sind, die konzentriertes Studium, Arbeit und Praxis zulassen, vom Standpunkt des Dharma aus ein wahr gewordener Traum, all diese Vorteile zu besitzen.

Für diejenigen, die in der Nyingma-Gemeinschaft leben und arbeiten, sind all diese Voraussetzungen gegeben. Die wesentlichen Dharma-Lehren sind jederzeit zugänglich; die Umgebung fördert Studium und Praxis. Die äußeren Formen und Symbole des Mandala der Verwirklichung sind im Laufe von dreißig Jahren geschaffen worden. Da nun all diese Formen vorhanden sind, müssen wir uns nur noch voll darauf einlassen und erlauben, dass sie sich in unseren Herzen manifestieren. Nur unsere eigenen konditionierten Ansichten und Einstellungen hindern uns daran, den Dharma in Aktion zu setzen und mit wahrhaft erleuchtetem Wissen in Berührung zu kommen.

In genau diesem Augenblick können wir den Segen Padmasambhavas in unser Herz einlassen und wir können uns mit unseren Gefühlen der Wertschätzung nähren. Wir können die Sangha der Erleuchteten visualisieren, über die Bedeutung des Dharma nachdenken oder einfach schweigend Mantras rezitieren. Wenn unser Leben durch eine stärkere Herzverbindung zum Dharma reicher und produktiver wird, dann können wir in kreativer Weise daran teilhaben, wie sich unsere Bestimmung entfaltet.

Je mehr wir lernen diesem Pfad zu folgen, um so mehr verkörpern wir den Dharma. Unser Studium gewinnt neue Bedeutung und unser Leben lässt die Lehren erblühen. Jeder Tag wird zu einer wunderbaren Reise und jede Gelegenheit, über den Dharma zu lesen oder nachzudenken, bringt neuen Reichtum in unsere Erfahrung. Das Wissen, das wir gewinnen, hilft uns, alle Projekte zu meistern, es gibt uns die Kraft, alle Hindernisse zu überwinden. Was wir schaffen, wird zu unserem Pfad: geschickte Mittel, die unser Verständnis vertiefen, zu unserem eigenen und zum Nutzen aller Wesen. Wenn Wissen sich ausdehnt, dann merken wir, dass wir uns selbst innerhalb des Wissens befinden, untrennbar von den Symbolen, die wir geschaffen haben, und untrennbar von der Weisheit, die sie ausdrücken.

Akademische Wege zum Dharma

Seit mehr als einem Jahrhundert ist der Buddhismus ein Studiengebiet für westliche Akademiker. Den größten Teil dieser Zeit wurde er als etwas Totes und Fremdes behandelt, etwa so wie ein Historiker Texte und Berichte aus einer längst untergegangenen Zivilisation behandeln würde. Nicht mehr alle Akademiker der neuen Generation behandeln ihn so. Viele junge Forscher fühlen sich aus persönlichem Interesse zum Studium des Buddhismus hingezogen. Ihnen allen gemeinsam ist jedoch die Überzeugung, dass das überlieferte Wissen der buddhistischen Tradition für die heutige Kultur wertvoll ist. Aus genau diesen Gründen haben einige meiner Studenten eine akademische Karriere verfolgt.

Das persönliche Engagement junger Wissenschaftler in die buddhistische Praxis ist sicherlich eine hilfreiche Entwicklung. Wenn Akademiker mit der Voraussetzung beginnen, dass der Dharma für die westliche Gesellschaft von Wert ist, dann stellen sie ganz andere Fragen, stellen andere Nachforschungen an, und sie lesen die Texte mit größerer Aufnahmebereitschaft.

Dennoch unterscheidet sich der akademische Zugang zum Dharma fundamental von der Herangehensweise und der Einstellung eines Dharma-Studenten, wie er sie traditionellerweise annehmen würde. Praktizierende des Dharma, die auch in der akademischen Welt zu Hause sind, sind oft kritisch gegenüber gewissen Aspekten des Dharma. Sie zweifeln womöglich an der Authentizität gewisser Texte oder Praktiken, von denen sie glauben, sie würden den Dharma nicht akkurat wiedergeben. Möglicherweise wenden sie westliche Methoden an, die dem traditionellen Vorgehen widersprechen, um historische Streitfragen zu lösen.

Für Dharma-Studenten, die dem mehr traditionellen Pfad der Erforschung und Praxis folgen, können solche Konflikte und Widersprüche verwirrend sein. Die Autorität der akademischen Methode ist tief verwurzelt bei Dharma-Studenten mit Universitätsausbildung. Es besteht die Tendenz anzunehmen, dass ein Wissenschaftler, der positiv zum Dharma eingestellt ist, eine verlässliche Informationsquelle in Sachen Dharma darstellt, selbst dann, wenn dieser Wissenschaftler Standpunkte einnimmt, die die buddhistische Tradition in vieler Hinsicht unterminieren. Darüber besorgte Studenten haben mich öfters nach meiner Meinung dazu gefragt. Wie kann der westliche, akademische Zugang zum Dharma mit der Tradition in Einklang gebracht werden? Ist der Versuch überhaupt der Mühe wert?

Ursachen für Konflikte

Ich habe den Eindruck, dass Dharma-Studenten, die versuchen den Weg eines Wissenschaftlers einzuschlagen, einen schweren Weg wählen. Es ist fast unumgänglich, dass sie auf ernsthafte Schwierigkeiten stoßen, wenn sie versuchen ihr akademisches Training und ihre typische Herangehensweise mit dem buddhistischen Pfad, wie er in der Tradition gelehrt wird, zu vereinbaren. Das kann auf persönlicher Ebene zu Verwirrung führen. Vom Dharma aus betrachtet, kann es sehr unglückliche Folgen haben, wenn akademischen Gesichtspunkten der Vorrang gegeben wird.

Ein Akademiker, der gleichzeitig Dharma-Student ist, steht gewissermaßen unter dem Druck, seinem Fach gegenüber eine kritische und unparteiische Haltung einzunehmen. Obwohl eine derartige Haltung in einer lebendigen Dharma-Tradition überhaupt keinen Sinn macht, wird sie in einer akademischen

Situation als selbstverständlich angesehen. In dem Moment, wo ein Wissenschaftler seine Verpflichtung der Dharma-Praxis gegenüber zugibt, erwachen in den Kollegen Zweifel an seiner Fähigkeit ‚objektiv' zu sein. Wenn der Wissenschaftler weiterhin Bereitschaft zeigt, die Autorität traditioneller Darstellungen und Interpretationen zu akzeptieren, dann besteht für ihn fast keine Chance mehr, seine akademische Glaubwürdigkeit aufrechtzuerhalten oder eine erfolgreiche akademische Laufbahn einzuschlagen.

Es gibt nur eine Möglichkeit für den mit dem Buddhismus sympathisierenden Akademiker: Er muss sich selbst sein persönliches Verständnis erarbeiten, was ‚echter' und ‚wesentlicher' Buddhismus ist. Dieser Weg erlaubt es, eine respektvolle und wertschätzende Haltung gegenüber einigen der Lehren beizubehalten, ohne dabei die Grenzen akademischer Orthodoxie zu überschreiten. Nur so kann der Dharma-Student weiterhin auf die schwer zu fassende ‚Objektivität', auf der seine Kollegen mit Sicherheit bestehen, Anspruch erheben.

Dieser Weg ist insofern schwierig, als akademische Maßstäbe für ‚Objektivität' ganz von modernen westlichen Vorstellungen abhängen, davon, was als historische Tatsache zählt, was für Menschen als möglich angesehen wird und was als Wissensquelle akzeptiert wird. Wenn man diese Maßstäbe zugrunde legt, dann müssen ganze Kapitel des tibetischen Buddhismus reinterpretiert und ‚entmythologisiert' werden.

Wenn beispielsweise ein akademisch gebildeter Wissenschaftler eine Sūtra oder ein Tantra mehrere hundert Jahre nach Buddhas Parinirvāna datiert und damit wirkungsvoll behauptet, dass es sich nicht um Lehren handeln kann, die der Buddha selbst gegeben hat, dann lehnt er damit kurzerhand die traditionelle Vorstellung ab, dass ein Text aus der Sambogakāya-Linie stammen kann, also nicht an ein historisches System gebunden sein muss. Ein weiteres Beispiel aus dem Feld der Nyingma-Studien ist das akademische Vorurteil bei der Suche nach dem ‚Ursprung' der rDzogs-chen-Lehren. Wissenschaftler haben häufig argumentiert, dass rDzogs-chen eigentlich eine Bon-pa-Sekte, eine Hva-shang (Ch´an)-Lehre, eine Form von Kashmiri Zaivismus oder eine Variante des Sufismus sei.

Wenn Wissenschaftler derartige Behauptungen aufstellen, erkennen sie gewöhnlich nicht an, dass westliches Wissen auf solchen Gebieten noch ziemlich in den Anfangsstadien steckt und dass durch unvollständiges Wissen leicht falsche Eindrücke entstehen können. Diese Art von Ideen und Theorien untergraben unweigerlich die Autorität der Tradition. Die Frage, ob sie für die Entwicklung von Weisheit und Mitgefühl förderlich sind, ist in akademischem Kontext ganz einfach ohne Interesse. Alles, was hier interessiert, ist die Wahrheit – wobei Wahrheit offensichtlich nach Maßstäben der heutigen Zeit festgelegt wird.

Solange solche artfremden Forschungsmethoden vorherrschen, bleiben gewisse Aspekte des Dharma der wissenschaftlichen Forschung unzugänglich. Zum Beispiel ist es schwer, die erleuchteten Eigenschaften des Buddha ganz zu erfassen, bevor man nicht selbst die yogische Wahrnehmungsart vervollkommnet hat. Aber ein Wissenschaftler, dessen Training eher akademisch als yogisch ist, wird natürlich die Möglichkeit eines solchen Weges nicht einmal ernsthaft erwägen.

Unter diesen Voraussetzungen ist es praktisch unvermeidbar, dass traditionelle Diskussionen über die Eigenschaften des Buddha als mystisch, symbolisch bzw. als religiöse Dichtung angesehen werden. Das Gleiche gilt für jede Erzählung und alle Texte, die nach den vorherrschenden, rationalen Maßstäben magische Elemente enthalten oder auf Wundern beruhen. Von der Warte eines Nichtwestlers, wie ich es bin, ist diese bereitwillige Ablehnung alles Übernatürlichen irgendwie amüsant, denn die moderne Art des Denkens verlässt sich genau so sehr auf Wunder und Magie wie jede andere Wissenstradition. Der einzige Unterschied ist der, dass sie nicht als solche deklariert werden.

Faktoren, die zur Verzerrung des Dharma führen

Von einer traditionellen Dharma-Perspektive aus führen mehrere Faktoren des akademischen Forschungsstils fast mit Sicherheit dazu, dass der Dharma verzerrt bzw. falsch verstanden wird, ganz unabhängig davon, wie positiv die Einstellung zum Dharma ist. Zunächst ist es unbedingt wichtig, wenn man die Lehren des Buddha und der großen Meister studiert, den Kontext, in dem die Worte gesprochen oder geschrieben wurden, mit in Betracht zu ziehen. Dafür braucht man allerdings eine umfassende und zusammenhängende Sicht des Dharma, damit man die Lehren auf verschiedenen Ebenen verstehen kann und erkennt, wie sie sich ergänzen und harmonisch zusammenfügen. Unglückseligerweise besteht unter westlichen Wissenschaftlern die starke Tendenz, sich auf ein einziges Gebiet zu spezialisieren, und wer es wagt, anders vorzugehen, wird mit großer Wahrscheinlichkeit scharf kritisiert. Die Übersicht, die für ein tieferes Verständnis nötig ist, kann sich unter diesen Bedingungen kaum entwickeln.

Ein weiterer einschränkender Faktor ist der, dass heutige akademische Abhandlungen von Kontroversen leben. Je geschickter jemand eine gültige Ansicht anficht, offensichtliche Widersprüche in verschiedenen Lehren aufdeckt oder neue Interpretationen von etwas findet, was bisher traditionell als wahr anerkannt war, um so besser ist das für seine akademische Karriere. Bei einer derartigen Perspektive ist es sehr schwierig, eine respektvolle Einstellung gegenüber den Lehren zu behalten, aber gerade das wurde traditionell als wesentlich betrachtet, um ihre innere Bedeutung zu erfassen. Als Folge dieser Perspektive nehmen Wissenschaftler gewöhnlich einen bestimmten Standpunkt ein und verteidigen ihn, anstatt sich in erster Linie der Wahrheit zu verpflichten. Schließlich führen diese Faktoren dazu, dass Akademiker die originellsten Interpretationen und Theorien am höchsten bewerten, mit anderen Worten: Die am weitesten vom traditionellen Verständnis abweichen, haben die größten Chancen anerkannt zu werden.

Die Struktur des modernen akademischen Lebens ist nicht für diese intensiven und langwierigen Studien geeignet, wie sie von traditionellen Wissenschaftlern verfolgt wurden, um eine wahrhaft vollständige Übersicht über die Lehren zu gewinnen. Viele westliche Wissenschaftler stehen so unter Druck von außen und sind so mit Verwaltungsarbeiten überlastet, dass sie von ihrer eigentlichen Arbeit abgelenkt sind. Wissenschaftler werden heutzutage grundsätzlich dazu ermutigt, schon zu Beginn ihrer Karriere feste Meinungen über schwierige Themen zu entwickeln. In Universitätskreisen ist es nicht unüblich, dass sie nur zwölf oder weniger Jahre an Erfahrung mit buddhistischem Gedankengut haben und schon Werke veröffentlichen, in denen sie ihre eigene Meinung präsentieren. Im Gegensatz dazu wäre es in Tibet völlig undenkbar gewesen, Ansichten über subtile Themen der Doktrin oder der Praxis zu äußern, ohne vorher über einen sehr langen Zeitraum bei anerkannten Meistern der Übertragungslinie studiert zu haben.

Die Grundlage für Wissen

Traditionell gesehen, erfordert es ein ausgedehntes Studium, bis man sich einigermaßen mit Selbstvertrauen innerhalb der komplexen Systeme der buddhistischen Praxis und Philosophie zurechtfinden kann. Zunächst muss man die verschiedenen Arten von Texten und Themen und die ihnen innewohnende Logik wirklich gründlich verstehen. Dann muss man sich mit der Terminologie und dem Zugang zu den einzelnen Fachgebieten vertraut machen. Dieses Wissen kann nur durch umfangreiche Lektüre erworben werden und durch die Gelegenheit, mit fachkundigen Meistern zu studieren. Hinzu kommt noch die Vertrautheit mit den verschiedenen Stufen der Bedeutung – der inneren, äußeren und der geheimen Bedeutung. Sie wurden von den großen Meistern verwendet, wenn sie schwierigere Themen präsentierten. Es ist beispielsweise bekannt, dass in einigen Texten Passagen absichtlich neu angeordnet wurden, um ihre Bedeutung zu verschleiern. So wird der Text vor Missbrauch durch diejenigen geschützt, die nicht qualifiziert sind, damit zu arbeiten. Der Schlüsselcode wird in mündlicher Überlieferung weitergegeben, so dass Erklärungen durch einen Lama unerlässlich sind.

Angenommen das Training wurde voll absolviert und ein gewisser Grad an Kenntnis erworben, dann bleibt die Bedeutung des Textes immer noch unklar, es sei denn, jemand ist in Meditation sehr geübt. Im Gegensatz zu akademischen Abhandlungen müssen buddhistische Texte oft im Licht besonderer meditativer Praktiken interpretiert werden, denn in vielen Fällen wird die Bedeutung von Texten nur denjenigen klar, die die Fähigkeit kultiviert haben, ihren Geist zu kontrollieren. Einfach ausgedrückt: Die Wahrnehmung eines Bodhisattva ist nicht die gleiche wie die eines gewöhnlichen Menschen, und die Wahrnehmung eines Buddha unterscheidet sich wiederum von beiden. Das heißt nun nicht, dass man den Dharma nicht studieren kann, ohne zuerst den Bodhisattva-Pfad zu beschreiten. Aber es impliziert, dass die vollständige Bedeutung nicht durch eine akademische Analyse erfasst werden kann, nicht einmal dann, wenn dieser eine sorgfältige linguistische – auf vielen kanonischen Sprachen beruhende – Untersuchung vorausgeht.

Als Beispiel dafür, warum das richtige Verständnis eines buddhistischen Textes auf einer wirklich umfassenden Perspektive beruht, betrachten wir ein Werk aus der Śāstra-Tradition. Oft besteht ein Wurzeltext oder Śāstra aus einer Zusammenfassung oder einer Gliederung, die die wesentliche Bedeutung herausdestillieren. Eine breitere Ausführung findet man in zusätzlichen Texten. Diese beziehen sich unter Umständen auf die Tradition, aus der der Text stammt: Sie vergleichen die Interpretationen von verschiedenen Linien; sie diskutieren verschiedene philosophische Methoden oder sie bringen eine einzelne Meinung oder Interpretation mit Lehren oder Herangehensweisen zur Übereinstimmung, die man in bestimmten Klassen von Śāstras oder Sūtras findet. Man kann einen Text analysieren in Bezug auf die Drei Trainings, die vier Schulen, relative und absolute Wahrheit, endgültige oder vorläufige Bedeutungen, usw. Ein spezieller Text kann in Übereinstimmung mit dem System der Abhisamayālamkāra oder Mahāyānasūtralamkāra interpretiert werden, oder er kann erklärt werden im Hinblick auf besondere Unterschiede zwischen der Zweiten und der Dritten Drehung des Dharma-Rades.

Autoren, die in diesen Strom der Interpretationen eintraten, folgten der Linie mit Nāgārjuna und Āryadeva oder der Linie, in der Asanga die Lehren Maitreyas übertrug. Einige Kommentatoren hoben die Werke von Vasubandhu, Candrakīrti und Candragomin hervor, während andere Führung bei anderen Autoritäten suchten. Die Methoden variieren je nachdem, ob der gerade studierte Text zu den Sūtras, den Śāstras oder der Pramāna-Tradition gehört. Und schließlich haben die großen Meister jeder Schule des tibetischen Buddhismus ihre eigenen Interpretationen von den Hauptwerken der Śāstras entwickelt. Dabei haben sie sorgfältig ihre Ansichten von denen anderer Kommentatoren abgegrenzt.

Verwoben mit all diesen Feinheiten ist die fundamentalere Frage, wie man die Sprache eines Textes verstehen soll. Einem an westliches Denken gewöhnten Wissenschaftler mag es ausreichend erscheinen, die wörtliche Bedeutung eines Textes zu entschlüsseln. Aber in der Dharma-Tradition kann ein Text mehrere Schichten von Bedeutungen gleichzeitig haben (ähnlich einem Text, den man im Westen als literarisches Meisterwerk betrachten würde). Hier spielt die Wichtigkeit der meditativen Verwirklichung eine Rolle. Selbst wenn es in dem Text nicht um durch meditative Praxis gewonnenes Wissen geht, können Bedeutungen, die sich aus der Sprache des Textes ergeben, doch nur klar werden, wenn man sich ihnen im Licht meditativer Erfahrung nähert.

Die Tradition selbst warnt vor diesen Feinheiten. Ein Beispiel ist das berühmte Prinzip der Interpretation, dem zufolge man sich immer auf die Bedeutung des Textes und nicht auf die der Worte verlassen soll. Verlass dich lieber auf Wahrnehmungen, die auf yogischer Verwirklichung beruhen, als auf Wahrnehmungen, die durch gewöhnliches Sehen zustande kommen. Verlass dich lieber auf Kommunikation, die erleuchtete Einsichten und Absichten vermittelt, als auf Botschaften, die allein durch Sprache übertragen werden.

Menschen des Westens haben eine zusätzliche Hürde zu überwinden wegen der enormen Sprachbarriere, die einem korrekten und umfassenden Verständnis des Dharma im Weg steht. Es erfordert einige Zeit, die richtigen Entsprechungen für Dharma-Begriffe zu finden und sie werden vielleicht nie gefunden, wenn Studenten nicht bereit sind, einen ganzheitlichen Weg zum Dharma zu beschreiten. Alle Versuche, die Bedeutung individueller Werke oder besonderer Erreichungen zu vermitteln, werden sehr wahrscheinlich nutzlos bleiben, bis ein passendes Vokabular für jede der vielen Arten von Dharma-Lehren entwickelt ist. Ohne diese solide Grundlage bleiben alle Interpretationen ganz einfach Spekulationen, unabhängig von der Differenziertheit des gebrauchten Wortschatzes, in dem sie ausgedrückt sind.

Diese Schwierigkeit kann auch nicht überwunden werden, wenn man die Texte in ihrer Originalsprache liest, selbst dann nicht, wenn ein Wissenschaftler eine oder mehrere der kanonischen Sprachen beherrscht. Obwohl das sicherlich sehr hilfreich ist, können bestimmte Übersetzungsprobleme dadurch doch nicht gelöst werden. Die Übertragung von Sinn und Bedeutung ist nicht nur eine Frage des Übersetzens von einer Sprache in eine andere (eine Sache der richtigen Vokabeln und der richtigen Terminologie). Es bedeutet vielmehr, den Dharma-Geist in gewöhnlichen Geist zu übersetzen und umgekehrt. Auf dieser Stufe hängt Übersetzung direkt vom Grad der Realisation ab – davon, dass man tatsächlich weiß, um was es in dem Text geht. Solange diese Verwirklichung nicht erreicht ist, bleibt die Bedeutung des Textes von Schichten der Rhetorik verdeckt, die der samsarische Geist ausbreitet. Selbst wenn ein Wissenschaftler mit einem Begriff in der original kanonischen Sprache vertraut ist, so wird er ihn dennoch auf der Grundlage samsarischer Muster verstehen. Diese Art zu verstehen führt unweigerlich zu Missverständnissen. An sich können diese zwar fruchtbar sein, aber nur dann, wenn sie als Annäherung oder Ersatz für die wahre Bedeutung verstanden werden. Diese erwächst jedoch nur aus tiefer Verwirklichung.

Im gleichen Maß, wie Akademiker solche Schwierigkeiten eingestehen, können sie dennoch bei der Interpretation von Texten auf einer gewissen Autorität bestehen, allerdings nur, wenn sie mehrere kanonische Sprachen beherrschen. Diese Expertise birgt sicherlich einen Wert in sich, aber ich war überrascht von der engen Perspektive, die manche westliche Wissenschaftler in diesem Punkt haben.

Zum Beispiel beharren einige auf der Meinung, dass tibetische Meister der Tradition nur ein unvollkommenes Verständnis der Sanskrit-Originale hätten, mit denen sie gearbeitet haben, und dass moderne Akademiker mit vermeintlich vollständigeren Sanskrit-Kenntnissen deshalb ein Recht hätten, die Interpretationen dieser tibetischen Meister abzulehnen. Ich persönlich bezweifle, dass diese Behauptung gerechtfertigt ist. Westliche Akademiker, die Sanskrit studieren, sind fast alle ausschließlich in der Pānini-Tradition trainiert. Tibetische Wissenschaftler dagegen hatten Zugang zu sieben zusätzlichen Grammatikwerken, deren Originale heute verloren sind: Die Indra Vyākarana, die Viśala Vyākarana, die Śakautayana Vyākarana, die Samantabhadra Vyākarana, die Patañjali Vyākarana, die Manujanendra Vyākarana und die Sarasvatī Vyākarana. Darüber hinaus unterscheidet sich der buddhistische Gebrauch von Sprache und Begriffen stark von dem in Hindu-Texten. Diese Unterscheidung wird von westlichen Analysemethoden nicht immer klar herausgestellt. Außerdem waren die großen Panditas des achten und neunten Jahrhunderts und späterer Zeiten Experten sowohl in Sanskrit als auch in Tibetisch, ebenso wie die tibetischen Meister, die mit ihnen den Dharma ins Tibetische übersetzt haben. Was die Bedeutung der übersetzten Texte anbetrifft, brachten sie eine Tiefe des Wissens mit, die heute schwer ihres Gleichen findet.

Vorsichtig vorgehen

Ich habe meinen Studenten immer empfohlen, ihr Tibetisch- oder Sanskrit-Studium mit einem Geschichts- oder

Philosophiestudium zu verbinden und gleichzeitig kontinuierlich meditative Erforschung zu üben. Der Dharma umfasst unzählige Formen von Praktiken und viele philosophische Schulen, von denen jede vom Gesichtspunkt aller Fahrzeuge oder Yānas aus verstanden werden muss. Ohne einen ganzheitlichen Zugang, bei dem alle Elemente ins Spiel kommen, sind alle Versuche, eine besondere Lehre oder Tradition zu begreifen, wie die Erzählung von dem blinden Mann, der versucht die wahre Natur eines Elefanten zu bestimmen.

Es ist besonders traurig, wenn Wissenschaftler, die dieses weite Wissen noch nicht entwickelt haben, über die Bedeutung und die Authentizität des Dharma Behauptungen aufstellen. Sogar wenn sie ihr fragmentarisches Verständnis von der Tradition zugeben, hindert sie das nicht daran, ihre Ansichten zu verkünden und ihre Übersetzungen zu veröffentlichen. Wirklich beunruhigend ist allerdings, wenn Wissenschaftler Werke publizieren, die die gesammelten Ansichten großer Meister der Tradition in Frage stellen. Das kommt der Behauptung gleich, dass sie den Dharma besser verstünden als die Panditas und Lamas, die ihr ganzes Leben diesen Themen gewidmet haben. Meine Erfahrung mit westlichen Menschen ist, dass sie nicht intelligenter, spirituell fortgeschrittener oder kenntnisreicher in Bezug auf den Dharma sind als Tibeter. Darum sind solche Behauptungen schwer zu rechtfertigen, selbst wenn sie unausgesprochen bleiben.

Selbstverständlich bestehen diese Gefahren auch bei Menschen, die nicht offiziell zur akademischen Welt gehören, denn das Muster, einen festen Standpunkt einzunehmen, ist tief im westlichen Geist verwurzelt. Wahrscheinlich ist der beste Rat, den man Dharma-Studenten geben kann, dem Beispiel der großen Dharma-Meister zu folgen, die mit großer Hingabe an die Übertragungslinie intensiv und umfassend studierten und praktizierten. Diese Wissenschaftler erhoben selten einen

Wahrheitsanspruch auf ihr eigenes Wissen. Wenn sie Interpretationen über den Dharma abgaben, dann nur auf der Basis gründlicher Untersuchung und direkter Verwirklichung. Traditionellerweise wird gesagt, je tiefer jemand die ungeheure Weite des Dharma versteht, desto mehr echte Bescheidenheit wohnt in seinem Herzen. Wo solche Demut waltet, da ist der Dharma geschützt und sein Wert für die Zukunft bewahrt.

Ein grundlegendes Hindernis

Westliche Wissenschaftler werden beim Versuch, den Dharma zu verstehen, grundlegend durch die für westlich-wissenschaftliches Denken zentrale Annahme beeinträchtigt, dass Wissen entsteht, indem man von außen auf das zu untersuchende Objekt blickt, anstatt sich nach innen zu wenden, um die Funktion des wissenden Geistes zu erforschen, der sich allein auf experimentelles Wissen verlässt. Der intellektuelle und begriffliche Geist hingegen behandelt das Objekt des Wissens so, als sei es irgendwo anders, getrennt von dem, der weiß. Aber wenn es um Dharma-Studien geht, wird wirkliche Einsicht und Verständnis nur verhindert, indem man sich ausschließlich auf den intellektuellen Geist verlässt.

Um Einsichten zu gewinnen, kann intellektuelles Verständnis ein wertvolles Mittel sein. Aber bestimmte Wissensbereiche, die zentral für die buddhistischen Lehren sind, können nicht einfach von gewöhnlicher Logik und Wahrnehmung zusammengestückelt werden. Wenn eine Untersuchung zu stark auf dem sich weit ausbreitenden Netz von Konzepten basiert, kann das Verständnis der inneren Bedeutung eines Textes oder einer Lehre verhindert werden. Verständnis gedeiht nur, wenn der Geist lernt, sich in die Eigenschaften einer erleuchteten Seinsweise zu entspannen, sich in seine eigene Fülle auszudehnen und in seine eigene Tiefe zu sinken. Nicht die begriffliche, objektbezogene Untersuchung, sondern die vom Sich–nach–innen–kehren gelenkte direkte Erfahrung ermöglicht diese andere Art zu wissen.

Der Buddha rief die Menschheit dazu auf, ihren gegenwärtigen mit einem auf Verwirklichung gegründeten Lebensstil zu vertauschen und eifrig danach zu streben, ihr samsarisches Verständnis durch erleuchtetes Wissen zu ersetzen. Er wollte uns nicht nur erklären, wie die Dinge sind, sondern er ging noch einen Schritt weiter und zeigte uns, wie wir uns ändern können. Wenn wir uns dem Dharma zuwenden ohne die Bereitschaft, unsere eigene Seinsweise aufs Spiel zu setzen, dann verschließen wir unser Herz für unser Vorhaben. Wenn es wirklich so ist – dass wir dem Dharma verweigern seinen Zweck zu erfüllen – wie können wir da seine volle Bedeutung begreifen?

Um zum Beispiel die Natur des Buddha zu erfassen, müssen wir die speziellen Tugenden und Qualitäten eines erleuchteten Wesens verstehen. Das geht jedoch nur, wenn man den Buddha als erleuchteten Meister akzeptiert. Anders ausgedrückt: Um zu verstehen, wer der Buddha ist, müssen wir Vertrauen in den Tathāgata als den Führer der Welt entwickeln, indem wir uns von seiner Gegenwart, seiner Lebensgeschichte und seinen Lehren inspirieren lassen, so dass Wertschätzung für die Qualitäten der Erleuchtung in unser Herz und unseren Geist dringen kann. Letztendlich hängt das Verständnis für den Dharma davon ab, ob wir für seine Segnungen offen sind. Den Dharma als Außenstehender und nach eigenen Maßstäben zu beurteilen, kommt dem Versiegeln seiner Bedeutung gleich. Es handelt sich hierbei nicht nur um ein paar Feinheiten oder zusätzliche Ebenen, die uns fehlen. Diesen Weg zu wählen heißt, die Lehren schon auf der fundamentalsten Stufe zu verschleiern.

In diesem Kontext ist sogar eine aufrichtige Verpflichtung dem Wissen gegenüber nicht genug, denn Wissen im Sinn des Dharma ist etwas ganz anderes als das Wissen des Akademikers. Weil Wissen, während es sich auf dem Pfad entfaltet, die Identität dessen, der weiß, in Frage stellt, bietet es dem Individuum keine Möglichkeit, es zu erwerben oder zu besitzen. Letztlich muss jede Einsicht, jeder kreative Fortschritt als die wirkliche Stimme des Buddha anerkannt werden: Der Dharma spricht innerhalb des Geistes. Zu fordern, dass es anders sei, oder zu glauben, man könnte den Buddhismus von weitem beobachten und dabei die eigene objektive Intelligenz zum Tragen bringen, verhindert die erfolgreiche Weitergabe der Lehren und ihrer Bedeutung.

Beim Dharma-Studium können wir nicht an zwei Stellen gleichzeitig sein. Unser Herz kann nicht hier sein und unser Geist woanders. Wenn man das versucht, verursacht man Wogen der Verwirrung: verwirrte Vorbilder, verwirrte Ziele, verwirrte Interpretationen und die Verwirrung anderer Menschen. Wenn die Flut der Verwirrung steigt, ist Skeptizismus der einzig sichere Rückzug. An diesem Punkt wird intellektuelle Einsicht ein Weg, sich noch weiter von den Lehren zurückzuziehen. Die Chance, sich selbst oder anderen durch gründliches Erforschen des Dharma zu nutzen, schwindet, und damit schwindet auch die Chance zu verstehen, worum es beim Dharma eigentlich geht.

Die Behauptung, dass die Lehren des Buddha enthüllen, was es bedeutet, ein Mensch zu sein, ist von einer akademischen Perspektive aus nur einer der vielen Aspekte der zu studierenden buddhistischen Lehre. Diese ‚objektive' Art, den Dharma zu behandeln, ist ein Widerspruch in sich, denn der Dharma ist ein Pfad, der nur verstanden wird, wenn man ihn selbst geht.

Um diesen Punkt noch einmal ganz deutlich zu machen: Man kann den Buddhismus nicht verstehen, außer man ist

Buddhist und integriert die Lehren in sein Leben und verschmelzt sie mit seinen tiefsten Überzeugungen. Die Bedeutung des Dharma, wie sie in einer lebendigen Linie übertragen wird, kann nicht an jemanden vermittelt werden, der auf einem ‚objektiven' Beobachter besteht und fest überzeugt ist, dass es kein höheres Wissen gibt als ‚sein eigenes'. In dem, was westliche Akademiker als Teil ihrer Ausbildung lernen müssen, wird aber gerade auf dieser Idee bestanden.

Das ist der Grund dafür, warum Dharma-Studenten, die zur akademischen Welt gehören möchten, so große Schwierigkeiten haben und warum man trotz ihrer guten Absichten ihre veröffentlichten Studien und Übersetzungen mit Vorsicht behandeln muss. Hier, wie in allen anderen Aspekten des Pfades, ist tiefer Respekt vor der Tradition die beste Voraussetzung. Respekt wird genährt von einem umfassenden Training, das akademisches Studium und meditative Praxis mit dem festen Vorsatz verbindet, die Lehren in allen Bereichen des Lebens zu verkörpern.

Jenseits der therapeutischen Methode

Wir leben in einer guten Zeit, denn der Dharma breitet sich aus und wird immer mehr Menschen zugänglich. Aber es ist auch eine Periode der geistigen Unbeständigkeit. Wir sehen in anderen Menschen neurotische Muster in Aktion; vielleicht erkennen wir sie auch bei uns selbst, ein Hinweis dafür, dass uns Kräfte treiben, die wir nicht genau verstehen oder identifizieren können. So viele Menschen unserer Gesellschaft sind von emotionalen Störungen betroffen, was nahe legt, dass der von uns gemeinsam gewählte Weg nicht so gut geeignet ist, Gesundheit und Wohlsein zu fördern, wie wir es uns gern vorstellen.

Ständig in Geschäftigkeit gefangen, haben viele Menschen den Eindruck, in eine Tretmühle geraten zu sein. Sie stehen sowohl in ihrem Privatleben als auch in ihrem Berufsleben unter Druck und haben das Gefühl, die Zeit nie einzuholen. Vielleicht reagieren sie mit Panik, vielleicht blocken sie alle Empfindungen ab, vielleicht erfahren sie ungeheuren Stress, Verwirrung und Spannung oder sie verfallen in Zynismus und in eine rastlose Suche nach neuen Formen der Unterhaltung. Angst, Depression und geringe Selbstachtung sind die Epidemien unserer Zeit. Sie greifen genau so um sich und sind genau so zerstörerisch wie die Epidemien, die zu anderer Zeit und an anderen Orten ganze Völker hinrafften.

Viele Menschen sind sensibilisiert für die Gefahr, manipuliert, psychologisch missbraucht oder von anderen betrogen zu werden, weil ihnen bewusst ist, dass unsere Überzeugungen und unser Glauben nicht annähernd auf so sicherem Boden stehen, wie wir es glauben möchten. Aber von einem Dharma-Standpunkt aus sind wir bereits Opfer einer tiefgreifenden Manipulation – einer Art Gehirnwäsche – die schon stattfand, ehe unser Bewusstsein Form annahm. Wenn wir daran zweifeln, können wir ganz einfach die Frage stellen: Wissen wir, warum wir an unseren Werten festhalten? Wissen wir, warum unsere Gesellschaft die Wahrheiten verwirft, die in der Vergangenheit galten und an ihre Stelle neue Wahrheiten setzt? Glauben wir allen Ernstes, dass wir als Individuen viel in dieser Angelegenheit zu sagen haben?

Vor langer Zeit wurden wir dazu verführt, grundlegende Entscheidungen zu treffen, die unseren Lebensstil geformt haben. Jetzt mühen wir uns ab: Wir wollen das Beste aus unserer Situation machen. Wir sind aber Opfer jener Entscheidungen geworden. Wie ein Sammelbecken fangen wir alle Einflüsse auf, die auf uns herabregnen, und verteilen sie an andere. Die passive Rolle, die wir in diesem Strom spielen, lähmt unsere Vision, unsere Kreativität und versetzt uns in Ungewissheit und Isolation. Das Ergebnis von all dem ist, dass wir uns alle von Zeit zu Zeit fragen, ob unsere Anstrengungen und unser Streben wirklich irgendeinem höheren Zweck dienen. Wenn wir keine brauchbare Alternative sehen, dann haben wir kaum eine andere Wahl, als vorwärts zu streben in Richtung auf ein Ziel, das wir nicht klar erkennen.

Wenn uns kein klares System moralischer Werte und keine gemeinsame Vorstellung von einem spirituellen Pfad leitet, um unserem Leben Ordnung zu verleihen, dann ist es fast unmöglich, in diesem Tumult des modernen Lebens unser Gleichgewicht aufrechtzuerhalten. Wollen wir uns nicht in Passivität flüchten, dann finden wir uns womöglich von einer Ansicht zur anderen taumelnd und von diesen Umständen in jene, immer auf der Suche nach Erfüllung. Ohne wirkliche Führung finden wir auf unserer Suche kaum jemals Ruhe oder Zufriedenheit. Sobald wir erkennen, wie diese Muster in uns und um uns herum funktionieren, hat es den Anschein, als läge ein Schatten auf der Bestimmung der Menschheit, der das Licht von Wissen verdunkelt und der sich auf unsere Herzen und unseren Geist legt.

Die therapeutische Antwort

Westliche Therapiemodelle versuchen auf vielfältige Weise auf diese Muster und Entwicklungen zu reagieren. Es gelang Therapeuten, viele Menschen vor noch tieferem Leid zu bewahren, indem sie versuchten andere zu verstehen und ihnen zu helfen, die Muster zu durchschauen, die den Geist formen und kontrollieren.

Aber das Verständnis der westlichen Psychologie hat seine eigenen Schwierigkeiten und Grenzen. Wenn man beispielsweise eine gewisse Kondition oder einen Geisteszustand als Geisteskrankheit abstempelt, dann schränkt man automatisch die Kraft des Geistes ein sich selbst zu befreien. Wenn das Etikett erst einmal zugeteilt ist, dann hat man ein Problem definiert und lokalisiert. Jetzt muss die kreative Energie des Geistes zur Problemlösung eingesetzt werden anstatt dazu, die Erfahrung einfach zu sehen, wie sie ist. Diese Art der Problemlösung ist zeitaufwendig und kostspielig. Sie setzt Kliniker zunehmend unter Druck, sich als schnelle, einfache Lösung auf Medikamente zu verlassen. Dadurch wird das Problem jedoch nur verdrängt.

Die Psychotherapie will Erklärungen für geistige Störungen finden und zurückverfolgen, wie sich ein Problem entwickelt hat. Diese Methode kann tatsächlich zur Heilung führen, aber sie hat einen gewaltigen und selten bemerkten Nebeneffekt. Wenn wir nach der Ursache für eine gewisse Schwierigkeit suchen, dann garantieren wir, die fundamentaleren Strukturen, welche die Ursache/Wirkung-Beziehung hervorbringen, niemals in Frage zu stellen. Auf dieser Ebene gibt es keine Stimulanzien, um die Strukturen und die Dynamik von Geist und Bewusstsein zu untersuchen (es sei denn auf der Ebene der Gehirnchemie und -physiologie). Wenn sie unbemerkt bleiben oder verworfen werden, bleiben diese Strukturen und Triebkräfte im Wesentlichen unsichtbar.

Diese Beschränkungen sind in den letzten Jahrzehnten einigen Therapeuten und einigen Individuen, die auf eigene Faust geforscht haben, bewusst geworden. Auf der Suche nach Alternativen entdeckten viele von ihnen, dass die Lehren des Buddha Potential haben, um tiefere Einsichten in die Wirkungsweise des Geistes zu gewinnen. Insbesondere wurde ihnen klar, dass buddhistische Meditation einen Weg zeigt, um direkt zu erfahren, wie der Geist arbeitet, wie man das Bewusstsein transformiert und wie man Menschen dazu ermutigt, Sinn in ihrem Leben zu finden. Heute studieren und praktizieren viele Psychotherapeuten und Psychiater die buddhistischen Lehren über formale Meditation, Achtsamkeit und Mitgefühl sowie auch Methoden, um Körper und Geist zu integrieren. Einige buddhistische Lehrer betonen diesen Weg, weil sie überzeugt davon sind, dass der Dharma so für westliche Studenten am unmittelbarsten von Nutzen sein kann.

Dieser Weg könnte sich tatsächlich als sehr wertvoll erweisen. Aber wenn er nicht eine radikalere Untersuchung zugrunde legt, eine Untersuchung, die sich systematisch auf das gesamte Gebiet des Geistes und seine Arbeitsweise erstreckt, dann könnte der fortbestehende Fokus auf die Muster des gewöhnlichen Geistes die Lehren verzerren. Es ist nicht das Ziel des Dharma, die Muster des gewöhnlichen Geistes zu verändern, sondern er will sie transformieren in die Wahrheit des erleuchteten Seins.

Ein buddhistischer Zugang

Der ungeheure Reichtum des Buddhismus an Lehren über die Natur des Geistes ist fast nicht zu beschreiben. Es beginnt bei der Analyse des Geistes und den geistigen Ereignissen (mental events), die man in den Abhidharma-Lehren findet, und bei der profunden Einsicht in die Natur der Existenz, die in den Prajñāpāramitā-Lehren vermittelt wird. Die als Cittamātra, Vijñānavāda und Mādhyamika bekannten Schulen unternahmen eine detaillierte Analyse, wie der Geist arbeitet, beginnend bei dem Bereich der Sinne und ihren Fähigkeiten und den Wechselwirkungen zwischen Gedanken, Gefühlen und Emotionen. Danach dringen sie bis zur Wurzel des Bewusstseins vor und schließlich noch tiefer. Im Mantrayāna ist diese Analyse noch erweitert. Sie schließt die subtilen Energien mit ein, die durch den Körper fließen, sowie auch die Strukturen, die sie unterstützen und kanalisieren.

Wenn die moderne Welt vollen Nutzen von der Verfügbarkeit des Dharma haben möchte, dann scheint ein gründliches Studium all dieser Elemente der Tradition unerlässlich. Ein derartiges Studium muss natürlich auf meditativer Erforschung basieren. Allerdings ist es genau so wichtig, sich Klarheit über den theoretischen Aufbau zu verschaffen, weil wir nur mit dessen Hilfe den mentalen Bereich wirklich verstehen können.

Zu Anfang ihrer Analyse identifizieren die Texte der Dharma-Tradition viele verschiedene Formen des Geistes, darunter Vijñāna, Citta, Caitta, Manas, und Ālayavijñāna. Sie erwähnen einundfünfzig oder mehr geistige Ereignisse, acht verschiedene Bewusstseinsarten und neun verschiedene Möglichkeiten, wie sich der Geist manifestieren kann. Das sind alles grundlegende Themen, die untersucht werden müssen. Sie geben uns wertvolle Hinweise und erlauben uns, damit unser Verständnis bis zu einem Grad zu verfeinern, den die westliche Psychologie nicht erreicht.

Der gewöhnliche Geist ist in hohem Maß auf sein Vermögen zu benennen eingestellt. Der Dharma macht vollen Gebrauch von dieser Fähigkeit, uns den Weg zur Natur des Geistes zu zeigen und uns neue Einsichten, neue Methoden und neue Untersuchungsrichtungen anzubieten. Wenn die Untersuchungen sich vertiefen, wird die anfängliche Vorgehensweise, bei der man sich auf Benennen, auf Klassifizieren und Identifizieren der Erfahrung verlässt sowie darauf, Charakteristika aufzuspüren, einem Wissen weichen, das nicht so sehr an spezifische Formen gebunden ist. Hier kann es sich als schwierig erweisen, Worte zu finden, um zu beschreiben, mit welchen Mitteln der Geist arbeitet, was seine typischen Merkmale sind oder um die Beziehung zwischen Geist und der Wirklichkeit, die er ausschließt, zu erhellen. Doch wenn wir beharrlich sind, sehen wir deutlich, wie der Geist die Realität formt, indem er eine Manifestation nach der anderen hervorbringt, von Oberflächenerscheinungen bis hin zu den tiefsten Schichten unserer Erfahrung. So wird der Stoff Samsaras gewebt und so die Ketten von Karma geschmiedet. Das ist die gegenwärtige Wahrheit unseres Lebens, und sie besitzt eine große Faszination.

Das ist allerdings nicht die ganze Wahrheit über den Geist. Vinaya, Abhidharma, und die Prajñāpāramitā, alle stellen unterschiedliche Untersuchungen über den Geist an, und sie alle führen zu anderen Einsichten in seine Natur. Wenn wir diese Lehren erforschen, dann entdecken wir in unserem Geist ganz neue Räume, Verwunderung und Freude. Solche Entdeckungen könnte man als philosophisches Forschen bezeichnen, verbunden mit meditativer Praxis, aber das ist vielleicht schon zu einschränkend. Die buddhistischen Lehren über den Geist geben uns die Möglichkeit, unsere gesamte menschliche Kapazität zu entwickeln. Darum konzentrieren Bodhisattvas ihre Bemühungen auf den

Geist. Sie betrachten den Geist sowohl als Lehrer wie auch als Student. Da unsere Gesellschaft so weit im Studium der materiellen Welt fortgeschritten ist, scheint jetzt die Zeit reif zu sein, demselben Modell zu folgen, und auch den Geist auf diese frische, unendlich vielversprechende Weise zu erforschen.

Untersuchung des Geistes

Der Buddhismus lehrt, dass der Geist unser schlimmster Feind, aber auch unser bester Freund sein kann. Er kann uns gründlich täuschen; er fängt uns in Gedankengebilden, die zu Zeitverschwendung, Verwirrung und Leid führen, und er spottet über unsere Bemühungen um unser Wohlergehen. Der Geist kann uns aber auch direkten Zugang verschaffen zu allem, was dem Leben Bedeutung gibt. Er kann zupacken wie eine Klapperschlange, die uns mit ihrem Gift infiziert, aber er kann auch unser großer Beschützer sein. Er hat die Macht unser Leben zu gestalten, jetzt und in der Zukunft. Die Dharma-Meister, die die Natur des Geistes studierten, zogen großen Nutzen aus diesem Wissen. Sie haben ihre Erkenntnisse und ihr Wissen an uns weitergegeben, so dass auch wir davon profitieren können.

Der Geist in seiner aktiven Anwesenheit kann weder wahrgenommen noch eingefangen werden, obwohl wir seine Spuren überall finden. Tatsächlich ist unser Leben nichts anderes als die Fährte, die von diesen Spuren hinterlassen wird. Dennoch bleibt der Geist selbst ein Geheimnis.

Es wäre ein Irrtum zu glauben, dies sei das letzte Wort über den Geist gewesen. Man kann den Geist studieren, Wissen über ihn ist zugänglich. Wenn der Geist unser Leben beherrscht, was könnte dann für uns wichtiger sein als dieses Wissen: Nicht nur die Funktionsweise des Geistes wie auf einer Landkarte aufzuzeichnen ist wichtig, sondern auch zu wissen, wie er arbeitet, was seine Forderungen bedeuten und wie man diese Forderungen betrachten soll. Zu wissen, was der Geist bedeutet, heißt, zu wissen, wie der Geist Bedeutung verleiht und was das für uns heißt.

Um Verständnis vom Geist zu gewinnen, brauchen wir eine der Natur des Objektes angemessene Methode des Erforschens. Wenn wir uns dem Geist als einem Untersuchungsobjekt zuwenden, so wie wir einen Baum oder einen Felsen betrachten, dann sehen wir bestenfalls die äußerste Schicht. Das ist etwa so, als ob man immer wieder den Umfang eines Kreises umrundet. Eine wirksamere Methode ist die Untersuchung, wie der Geist den Geist selbst deutet. Wir können wie Naturwissenschaftler beginnen und erforschen, wie der Geist funktioniert, aber wir wollen noch weiter gehen: Wir wollen das Wie vom Wie untersuchen.

Bei dieser Untersuchungsmethode müssen wir in das Zentrum des Geistes eindringen, um die Natur dessen zu entdecken, der untersucht. Wenn der Geist nicht so scheu ist, dass er sich unseren Blicken entzieht, und wenn das Ego nicht zu zart und empfindlich ist, um sich berühren zu lassen, dann kann dieser Weg sich fast mühelos entfalten. Jede Frage wird zu ihrer Antwort, und jede Antwort öffnet sich zu neuen Fragen, zu neuen Wissensbereichen. Das sich so entwickelnde Verständnis geht über die Subjekt/Objekt-Polarität – also über gewöhnliches Wissen – hinaus. Es nähert sich der allumfassenden Weisheit, die im Buddhismus Prajñā genannt wird.

Der gewöhnliche Geist zeichnet sich durch seine völlige Unzuverlässigkeit aus. Heute fühlen wir so und morgen anders; in diesem Monat sind wir total überzeugt, und im nächsten Monat haben wir ernsthafte Zweifel. Wir steigen in höchste Höhen der Freude und fallen dann in das tiefste Elend; wir stellen uns vor, welche wunderbaren Dinge wir erreichen können, dann stürzen wir ab in Selbstzweifel; wir erwachen für die Schönheit des Lebens, dann schlafen wir wieder ein. Angesichts solchen Wankelmutes kann es keine wirkliche Sicherheit geben. Es gibt keine Garantie, wohin der Geist als nächstes geht. Es gibt nichts, was vertrauenswürdig ist.

Die Funktionen des gewöhnlichen Geistes bringen keinen Ausweg aus diesen Mustern, aber Prajñā weiß, wie man genau diese Instabilität des Geistes zum Pfad der Erforschung machen kann. Mit Prajñā können wir jedes geistige Ereignis nutzen: jeden Gedanken und jede Emotion, jeden Akt des Etikettierens und Definierens, jeden Bereich und jede Variation. Wenn wir das beherrschen, dann wird unser inneres Milieu anregender werden als das beste Theaterstück oder die interessanteste Ausstellung. Jede neue Manifestation wird zur Gelegenheit mehr zu lernen.

Grundlegender als die Manifestationen, die der Geist projiziert, ist der Geist selbst. Er führt uns auf unserem Weg der Erforschung, wie die Augen den Körper führen. Das ist der Geist als Sehender, als Hörender, als Fühlender, als derjenige, der Entscheidungen trifft und Ratschläge erteilt. Wenn Prajñā am Werk ist, dann sind wir auf diese Ebene emporgehoben. Wir können besser begreifen, wie die endlosen Variationen Form annehmen, die den Inhalt des Geistes ausmachen. Wir erfahren, dass wir die Freiheit haben, mit verschiedenen Alternativen zu experimentieren, neue Rollen anzunehmen und neue Modelle zu schaffen. Als Meister unseres Geistes können wir unsere Gedanken und Reaktionen in erfolgreichere Bahnen lenken.

Die Natur des Geistes

Der gesunde Menschenverstand glaubt, dass die vom Geist präsentierte Erfahrung akkurat die Wirklichkeit widerspiegelt. Entsprechend ist der Geist dann Teil dieser Wirklichkeit. Das wird kaum verstanden, aber weitgehend als selbstverständlich hingenommen. Es ist genau dieses anfängliche und ziemlich leichthin erworbene Verständnis vom Geist, das der Buddhismus in Frage stellt.

Die Cittamātra-Schule des Buddhismus, die auf der Analyse von Geist und Wahrnehmung basiert, betrachtet alle Wahrnehmungen als Spiegelungen des Geistes. Zuerst erhält der Geist Meldung von einem Sinnesorgan, dann deutet er seine Erfahrung, indem er eine Geschichte erfindet, die dem Ganzen Sinn gibt. Welche Geschichte können wir aber vom Geist selbst erzählen? Die normalen Untersuchungsformen geben keine Antwort, denn die Natur des Geistes ist so, dass wir ihr keine Rolle oder Lokalisation zuordnen können, wie wir es bei einem außerhalb befindlichen Objekt tun würden. Die Cittamātra-Schule schlägt als Alternative vor, dass wir lernen, in unseren Projektionen und den ihnen zugeschriebenen Deutungen den Geist gespiegelt zu sehen.

Ehe uns das gelingen kann, müssen wir lernen den Geist zu beruhigen, denn meistens ist er in einer Art wildem Strudel gefangen. Ein Gedanke löst den nächsten aus und Emotionen wallen plötzlich mit solcher Intensität in unserer Bewusstheit auf, dass wir nicht einmal soviel Klarheit aufbringen, um sie zu bemerken. Solange der Geist so ungeordnet ist, können wir nicht sehen, wie er arbeitet. Wenn wir aber lernen ihn zu entspannen, so dass er ins Gleichgewicht kommt, dann lösen sich die grundlegenden Unruhen und Ängste auf, die gewöhnlich seine Reaktionen beeinflussen. Jetzt kann der Geist seinen festen Zugriff auf unsere Erfahrung lockern und wir können uns in positiver Weise mit unserer inneren Welt beschäftigen. Wir sind bereit, grundsätzliche Fragen zur Natur des Geistes und seiner Beziehung zur Wirklichkeit zu stellen.

Damit der Geist den Geist anschauen kann, der Geist sich auf den Geist projizieren kann, ist eine besondere Fähigkeit erforderlich. Sie ist ähnlich der Fähigkeit, die ein Photograph entwickeln muss, um ein Bild in Fokus zu bringen und den richtigen Ausschnitt zu wählen. Der Schlüssel ist die Qualität der Klarheit, die entsteht, sobald sich innere Ruhe ausbreitet. Diese Klarheit ermöglicht jeder Wahrnehmung umfassender zu sein. Sie bezieht sowohl den Geist mit ein als auch das, was er projiziert.

Aus dieser umfassenden Art des Wahrnehmens erwächst ein Wissen, das die ganze Fülle der Bewusstheit in sich trägt und die Bewusstheit selbst für Erforschungen verfügbar macht, nicht als Objekt der Erforschung, sondern als die von mentalen Aktivitäten ausgehende ‚Aura'. Im Licht dieser ‚Aura' wird es möglich, zu beobachten, wie sich Kleśas bilden, wie die Kette von Karma wirksam wird, wie wir Wissen identifizieren und anhäufen und wie die Wirklichkeit durch bewusste und unbewusste Aktivitäten entsteht. Wir erkennen auf ganz neue Weise, wer wir sind und entdecken fast mühelos, wie wir unser Leben mit mehr Klarheit und auf eine befriedigendere Weise gestalten können. Das alles kann unabhängig von ausgedehntem Textstudium geschehen, denn wir berühren hierbei unser eigenes Wissen und unsere eigene Bewusstheit auf die direkteste Art, die möglich ist.

Am Anfang, wenn wir das alles umsetzen wollen, kann es uns ein wenig kompliziert vorkommen. Es könnte beispielsweise ein buddhistischer Meditationslehrer zu uns sagen: „Beobachte deinen Geist!" Aber wenn der Geist den Geist beobachtet, müssen wir dann auch den Geist beobachten, der beobachtet? Ist es überhaupt möglich, auf beide Richtungen gleichzeitig zu achten? Wir geben uns selbst die Order: Beobachte den Geist! Wer ist dann derjenige, der diese Order sinnvoll findet und versucht sie auszuführen? Ist dieser vom Beobachtetwerden ausgenommen? Auf einer tieferen Ebene: Welches ist die Ordnung, die diese Order unterstützt? Gibt es diese Ordnung zur Order überhaupt? Wenn ja, in welcher Hinsicht ist sie wahr? Zeigt sich hier eine ‚Orderkeit'? Wahrscheinlich müssen wir so tun, als ob es sie tatsächlich gäbe, wir müssen sie einfach akzeptieren. Aber ist es wirklich so? Andererseits, wenn wir keine Wahl haben, wie der Geist arbeitet, ist es dann der Mühe wert, diese Frage zu stellen?

Derartige Fragen können sehr fesselnd sein und die Erforschung in eine fruchtbare Richtung lenken. Allmählich merken wir, dass der Geist überall gegenwärtig ist, dass er jede Rolle in jedem neuen Drama unseres Lebens spielt. Es gibt den Unruhe stiftenden Geist, den friedlichen, den intelligenten, fortgeschrittenen Geist. Da ist der Geist mit übernatürlicher Erfahrung aus einer anderen Welt. Dann ist da noch der Geist, der dies alles prüft, beobachtet, vergleicht und kommentiert. Ist dieser interpretierende Geist ein ganz anderer, selbstständiger? Könnte man ihn vielleicht als ein Nebenprodukt jedes geistigen Ereignisses betrachten? Wieder scheint sich der Geist als derjenige darzustellen, der handelt, und gleichzeitig als derjenige, der die Handlung dirigiert. Welcher ist verantwortlich? Welcher stellt Regeln auf? Kann er abgelehnt werden? Wenn ja, wie? Und wer ist derjenige, der ihn ablehnt?

Das Ziel dieser Fragen ist nicht unbedingt, Antworten zu finden. Die Erfahrung selbst, sich so tief auf den Geist einzulassen, ist allein schon erfrischend, und dieses Gefühl von Frische ist es, was zählt. Es erlaubt uns, unsere Wirklichkeit und unsere Erfahrung in neuem Licht zu sehen. Viele Spannungen und Sorgen, mit denen wir gewöhnlich leben, lösen sich spontan.

Jenseits des relativen Geistes

Man könnte sagen, dass alles, was sich auf der relativen Ebene der gewöhnlichen Erscheinungen manifestiert, davon abhängt, vom Geist gefiltert zu werden. Alles, Sinneseindrücke,

Körpergefühl, Intuition und alle Geschehnisse unseres Lebens, wird uns auf diese Art vermittelt. Der Interpret und die Interpretation, beide sind untrennbar vom Geist; ‚Subjekt' und ‚Objekt' hängen gleichermaßen von ihm ab. Selbst unsere Erfahrung, die das Konzept ‚Geist' entwickelt hat, äußert sich durch den Geist.

Gibt es eine Ebene außer der relativen, eine Ebene, auf der der Geist womöglich gar nicht funktioniert? Wenn wir über die Qualitäten des Buddha nachdenken, lautet die Antwort ‚Ja'. Die Texte gebrauchen zwar manchmal den Ausdruck ‚Erleuchteter Geist', aber vielleicht ist das nur eine Sprachgewohnheit, denn zwischen der Allwissenheit des Buddha, die etwas mit alles durchdringendem Wissen zu tun hat, und dem Geist scheint überhaupt keine Beziehung zu bestehen.

Das Mahāyāna spricht vom erleuchteten Geist als Bodhicitta. Es bietet die Praxis der Sechs Vollkommenheiten an, um Weisheit und Mitgefühl, die beiden charakteristischen Eigenschaften von Bodhicitta zu erlangen. Diese beiden Merkmale unterscheiden den gewöhnlichen Geist von Bodhicitta. Wir könnten uns Bodhicitta vielleicht als einen ‚neuen' Geist vorstellen. Exakter wäre: Bodhicitta war schon immer die Natur des Geistes selbst, womit die höchsten Eigenschaften der absoluten Vollkommenheit ausgedrückt sind. Untrennbar von Prajñā ist Bodhicitta weder gegründet noch gesponsert. Es überspannt das Sein als die Einheit des Dharmadātu. Auf dieser grundlegendsten Stufe löst sich der Geist in Licht auf.

In erleuchteter Bewusstheit ist die Erscheinung (die für das Cittamātra untrennbar vom Geist ist) in alles durchdringende Offenheit verwandelt. Entsprechend dem Verständnis des Mittleren Weges der Mādhyamika-Schule wird gesagt, dass der Geist leer (śūnya) ist. Allerdings muss ‚Leerheit' (Śūnyatā) ihrerseits wieder sorgfältig analysiert werden. Śūnyatā ist nicht leer im Sinn einer Negation oder Abwesenheit von etwas. Es hat nichts zu tun mit ‚weggehen von' etwas, das existiert oder mit ‚etwas anderes sein'. Śūnyatā verneint die ‚von/zu' Orientierung, auf der die gewöhnliche Verneinung – die Grundlage für die Muster des gewöhnlichen Geistes – beruht.

Stelle dir vor, du befindest dich als Gast in einem Haus. Natürlich nimmst du an, dass das Haus existiert – dass es eine Geschichte hat, die sich erforschen lässt. Von einer Śūnyatā-Perspektive aus aber vermag die Geschichte, die das Haus erklärt, dessen Existenz überhaupt nicht zu beweisen. Vielleicht wurde das Haus samt seiner Geschichte nie gebaut.

Als Antwort auf diese Herausforderung tritt dein Gastgeber in Erscheinung und besteht darauf, dass das Haus wirklich ist. Schön und gut, nur wer will Zeuge für die Existenz des Gastgebers sein? Noch einmal, du bist dort als Gast und genießt deinen Aufenthalt. Was aber dient als Beweis für deine Existenz?

Wenn wir erst einmal die orientierenden Faktoren wie ‚von' und ‚zu', auf die wir uns gewöhnlich verlassen, in Frage stellen, dann hat es keinen Zweck zu versuchen, auf der Grundlage von etwas Anderem überhaupt irgendetwas Neues festzulegen. Um etwas festzulegen – um Existieren und Nichtexistieren zu vergleichen – brauchen wir zuerst einen Bezugspunkt. Wie kann es aber ohne ‚von' und ‚zu' einen solchen Punkt geben? Wenn wir an Null denken als Bezugspunkt, dann könnten wir etwa folgende Frage stellen: Wie kann es eine Null geben, die Null festlegt?

Bezugspunkte haben ohne Zweifel einen Sinn. Wenn wir den Punkt ‚hier' haben, dann können wir ihn unterscheiden von dem, was ‚nicht hier' ist. Das ‚nicht' in diesem ‚nicht hier', kennzeichnet eine Art Leere oder Abwesenheit. Diese Weise der Festlegung macht ein Nebeneinanderbestehen möglich. Aus ihm ist der Bereich des Relativen gemacht, den der Geist kennt. Aber diese identifizierte Leere, die aus ‚hier' entstanden ist, hat nichts mit Śūnyatā zu tun. Śūnyatā ist auch nicht die Leere, die nicht diese Leere ist, denn dann würde dieses ‚höchste' Śūnyatā wieder von etwas abhängig sein, das vor Śūnyatā war. Auf diese Weise kommen wir genau so wenig an Śūnyatā heran, wie wir die Rückseite einer Münze beseitigen, wenn wir die Münze in immer dünnere Scheiben schneiden. Die Leerheit von Śūnyatā leert nicht etwas, was zuvor gefüllt war. Wenn wir uns auf Worte verlassen müssen, dann könnte man vielleicht sagen, dass Śūnyatā das Ganze ist, das sowohl ‚leer' als auch ‚voll' einschließt. Oder wir könnten sagen: Śūnyatā ist das Absolute, dann müssen wir aber hinzufügen, dass dieses Absolute nichts anderes ist als das Relative.

Die Schwierigkeit beim Verstehen von Śūnyatā besteht darin, dass wir Gebrauch machen von Unterscheidungen aus dem Bereich des Existierenden (die Kategorie ‚nicht-existierend' eingeschlossen). Dieses Vokabular ist für Śūnyatā unzulänglich, weil es so fest an unsere relative ‚Geist Aktivität' gebunden ist. Ebenso wenn unsere relative ‚Geist-Aktivität' aufhören würde, so dass Śūnyatā in den Vordergrund träte, dann würde unsere Art des Seins – unsere Art ‚zu sein' – anders werden, als wir es augenblicklich ausdrücken können.

Wenn wir diese Analyse auf den Geist anwenden, könnten wir sagen, dass der Geist die Autorität ist, die die Natur der Existenz und der Nicht-Existenz spezifiziert; nicht weil der Geist sich selbst die Macht des Definierens vorbehält, sondern weil er auf eine besondere Art kognitiv ist: Er nimmt wahr und bestimmt damit, was in Erscheinung treten kann. Erkennend spricht der Geist, und indem dieses Aussprechen wirksam wird, wird es zum Kennzeichen für das, was – für uns – als wahre Tatsache gilt. Da der Geist sofort liest, was ausgesprochen wurde, entsteht ein charakteristischer Austausch: Der Geist übermittelt Geist an den Geist.

Was ist aufgrund dieser Analyse dichter an der Wahrheit, dass der Geist zwei ist oder eins oder dass er ein Widerhall seiner selbst ist? Es gibt keine Antwort auf diese Frage. Allein der Geist kann Zeuge einer derartigen Unterscheidung sein, aber es gibt keinen dritten Geist, der diese Rolle des Zeugen übernehmen könnte. Sobald das ausgesprochen ist, steht unsere Meinung fest. Was danach geschieht, lässt sich nicht voraussagen, denn der Weg, der über diesen Punkt hinaus führt, ist für das Fahrzeug des Intellektes zu eng. Wir sind frei zu spekulieren, aber es scheint, dass es für uns keine Möglichkeit gibt, zu der intrinsischen Introspektion zu gelangen, die es uns erlauben würde, mehr über diesen subtilen Körper des Geistes zu erfahren.

Um dieser Sackgasse zu entgehen, müssen wir ein verfeinertes Wissen entwickeln. Das Modell, das behauptet, Wirklichkeit entstehe, wenn der Geist Geist überträgt, ist zweidimensional. Können wir in eine andere Dimension eintreten? Was würde beispielsweise geschehen, wenn wir unser hauptsächliches Interesse an dem Resultat unserer ‚Geist-Aktivität' loslassen könnten und uns stattdessen mehr für die Qualität dieser ‚Geist-Aktivität' interessierten? Die Sprache kann Hinweise auf Alternativen suggerieren, aber eine Antwort auf die Frage ist nicht möglich. Um zu diesem wesentlichen Wissen zu gelangen, braucht der philosophische Geist – ebenso wie der Gesunde-Menschenverstand-Geist und der wahrnehmende Geist – die Unterstützung durch ein umfassenderes Verständnis. Letztlich müssen wir die besondere Klarheit der Meditation pflegen, die von Einsicht geführt und geleitet wird.

Leerheits-Geist

Denke einmal über die Vorstellung nach, dass das Universum einen Entstehungspunkt in Raum und Zeit haben könnte. Wenn wir sagen, dass vor dem Ursprung des Universums nichts existiert hat, dann könnten wir dieses ‚Nichts' als

Śūnya betrachten. Wenn das Universum aufhört zu sein, können wir uns genauso vorstellen, dass das, was danach existiert, Śūnya ist. In diesem Fall, wenn das Universum aus Śūnya hervorgeht und in Śūnya endet, wie kann es dann ‚dazwischen' ‚mehr' sein als Śūnya? Es ist wie der Inhalt des Traumes, den wir heute Nacht haben werden: In diesem Augenblick existiert der Inhalt noch nicht und wenn wir morgen aufwachen, dann wird er ebenfalls nicht existieren. Existiert dieser Inhalt während des Traumes?

Andererseits impliziert die Idee von ‚dazwischen' eine substantielle Grundlage. Wenn wir uns ganz von dieser Grundlage lösen wollen, können wir dann überhaupt irgendetwas sagen? Wenn nicht, wie können wir dann jemals bestimmen, was Śūnyatā ist? Vielleicht können wir es nicht. Vielleicht gibt es keine Adjektive, keine Basis zum Vergleichen – nicht einmal die rückfällige Position in ‚unbestimmt'.

Jemandem, der an den Dharma wie an westlich orientierte Psychologie herangeht, mag das alles wie nutzlose Komplikationen erscheinen. Warum sollen wir uns nicht damit zufrieden geben, größere Bewusstheit für die Arbeitsweise des Geistes zu entwickeln und mehr Geduld mit dem Geist aufzubringen, so dass er flexibler werden kann? Warum sollen wir nicht anstreben, den glücklichen Geist, den offenen Geist, den friedlichen Geist, den scharfen Geist, den klaren Geist und den bewussten Geist zu entwickeln? Warum uns nicht um mehr geistigen Frieden bemühen und es dabei belassen? Das sind Themen, die wir anpacken können, weil sie für uns Sinn machen.

Selbst auf dieser praktischen Ebene kann sich die Mühe lohnen, mit unseren Fragen tiefer zu gehen. Den Geist in der Meditation zu beobachten kann einen therapeutischen Effekt haben, aber dabei verfallen wir früher oder später in eine nebelige oder dumpfe Bewusstheit, die uns lange Zeit gefangen halten kann. An diesem Punkt kann ein fundamentaleres Fragen, das die Denkfähigkeit des Geistes in Übung hält, ein Weg sein uns aufzuwecken, ein Weg, uns daran zu erinnern, dass das Fragen des Geistes eine ernsthafte Sache ist. Es ist tatsächlich nicht schwer, uns bei unserer Meditationspraxis selbst etwas vorzumachen, wenn wir aber bereit sind, unsere Erfahrung tiefer zu hinterfragen, um zu sehen, wie unsere Wirklichkeit entsteht, dann sind wir wacher und fallen dieser Selbsttäuschung nicht so leicht zum Opfer. Wenn wir erkennen können, wie unser gewöhnliches Verständnis die Art beeinflusst, wie wir Entscheidungen treffen und Entschlüsse fassen, dann sind wir nahe daran, den Körper des Geistes zu kennen. Wenn die Qualität des Geistes beginnt unsere Meditation zu durchdringen, dann wird unsere Meditation eine verlässliche Quelle für Erhellung und Inspiration, ein fruchtbarer Pfad, um den Sinn des Lebens zu verstehen.

Aus dieser Perspektive besteht die Bedeutung von Śūnyatā als ‚weniger' (oder ‚mehr') als unbestimmt darin, dass der Geist möglicherweise genau so unbestimmt ist. Wenn wir diesen Geist weiter erforschen, dann kommen wir zu einer ‚Psychologie' der Leerheit, die nicht auf den Mustern meines Geistes oder deines Geistes beruht, sondern auf den universalen Attributen des Geistes. Wenn wir diesen ‚Leerheits'-Geist entwickeln, dann nähern wir uns den universalen Eigenschaften der Erleuchteten, die im Herzen des Dharma stehen.

Diese Verschiebung ist von fundamentaler Wichtigkeit. Solange wir auf einer Grundlage bestehen, von wo aus der Geist den Geist untersuchen kann, ist es unwahrscheinlich, dass wir endgültig verstehen, wie der Geist arbeitet. Wenn es diese Grundlage jedoch nicht gibt, dann kann jeder Augenblick und jedes Muster für Wissen genutzt werden. Wir können sehen, wie Emotionalität aufsteigt; wir können unsere Abhängigkeit von Mustern, die schon vor unserer Geburt bestanden, ablegen; wir müssen uns nicht hypnotisieren lassen von Botschaften, die in unserem Kopf herumschwirren und die unsere Sinne bestürmen. Verwirrung will sich selbst in die Zukunft hinein reflektieren wie ein Echo, das niemals aufhört, aber diese Neigung können wir besiegen.

Wenn der Geist zu solchem ‚Leerheits-Wissen' Zugang gewinnt, wird er selbst-erleuchtend. Dann sind wir nicht mehr in der unmöglichen Situation, in der wir versuchen mit dem samsarischen Geist die Wahrheit des Dharma zu finden. Wir könnten sagen, dass die Probleme verschwinden, die der gewöhnliche Geist so gut kennt. Genauer gesagt: Die Probleme können einfach nicht mehr entstehen, denn sie können nicht mehr ‚stattfinden'. Die Verschiebung ist nur ganz subtil: eine leichte Wandlung in der Weise, wie wir Erscheinung und Geist verstehen. Trotzdem gibt uns diese geringe Veränderung eine neue Art zu sein. Wenn die Begrenzungen unserer Bewusstheit wegfallen, werden wir eine andere Person. Wir könnten uns vorstellen, dass Śūnyatā eine Art Aspirin ist, das das Kopfweh heilt, mit dem wir geboren sind: das Kopfweh von Samsara, das unser Sein länger bestimmt hat, als irgendeiner von uns weiß.

Hier liegt auch eine Gefahr. Wie alles andere so kann auch Śūnyatā zu etwas werden, über das wir nachdenken, anstatt es zu verkörpern. Im Bewusstsein dieser Falle laden uns die Texte der Überlieferung immer wieder ein, unser Verständnis darüber, was Śūnyatā ist und was nicht, zu klären. Abhängig von der Methode, die bei der Analyse angewandt wurde, werden achtzehn, zwölf, vier oder drei Arten von Śūnyatā in den Texten identifiziert. Wenn wir uns von den Texten leiten lassen, merken wir, wie nötig es ist, unser Verständnis auf Schritt und Tritt zu verfeinern und uns der Führung anzuvertrauen, die der Buddha und die großen Meister der Vergangenheit für uns verfügbar gemacht haben.

Die Kreativität des Geistes

Der Westen hat seine eigene Tradition, sich aktiv mit dem Geist zu beschäftigen. Er verlässt sich auf die kreative Kraft des Geistes in der Kunst, den Naturwissenschaften, der Philosophie und bei Innovationen. Während diese Tradition hauptsächlich auf Resultate des Geistes Wert legt, kann sie aber auch dazu genutzt werden, um den Geist direkt zu untersuchen. Anfangs gehen wir dabei wahrscheinlich intellektuell vor, aber schließlich entdecken wir, dass der Geist auch für meditative Verwirklichung Raum gibt und dass die Meditation wiederum Raum für den Geist schaffen kann. An dieser Stelle sind wir vom Tor zum ‚Leerheits-Geist' nicht mehr so weit entfernt.

Wenn wir den Geist in der Meditation erforschen, dann geht es uns wie einem Künstler, der sich auf Intuition verlässt, wenn er aus rohen Materialien ein Kunstwerk formt. Wir können allerdings noch mehr tun. Wenn es uns gelingt, Meditation mit Einsicht ins Gleichgewicht zu bringen, dann können wir die kreative Vision der Meditation so gestalten, dass wir noch viel kraftvollere und bedeutungsvollere Ergebnisse erzielen. Als Künstler des Geistes können wir die Einsicht nutzen, die die Dharma-Wissenschaft des Geistes uns aufzeigt, um Symbole zu schaffen, mit deren Hilfe tiefere Schichten von Wissen erschlossen werden können. Die Schönheit der Verwirklichung und die spontane Kraft von Śūnyatā können sich in den vom Geist produzierten Formen und Gestalten manifestieren und damit der Erscheinung selbst eine kraftvolle ästhetische Dimension verleihen. Wir können die Schönheit von Erscheinung verkörpern und die Weisheit des höchsten Wissens ausüben.

Wertschätzung für die Wunder des Geistes drückt sich in Ehrfurcht vor den fühlenden Wesen aus, die Manifestationen des Geistes sind, und vor der Welt der Erscheinungen, die dem

Geist Form verleihen. Anstatt sich gegenseitig mit ihren wetteifernden Forderungen zu stören und abzulenken, können Subjekt und Objekt den Tanz der Verwirklichung aufführen: Das Objekt erkennt seine eigene Erscheinung als Spiel des Geistes an und das Subjekt respektiert, was als Symbol einer Wirklichkeit erscheint, die grundlegender ist als seine eigenen Konstrukte. Die Schönheit dieser gegenseitigen Widerspiegelung drückt die Offenheit von Śūnyatā aus. Sie fördert eine spielerische Kreativität, die von dem höchsten Wissen geführt und inspiriert wird und in der buddhistischen Tradition als Līla bekannt ist.

Je mehr wir von diesem Wissen Gebrauch machen, desto leichter fällt es uns, eine Welt mit immer mehr Schönheit und Freude zu erschaffen. Sorgen und Ängste verblassen ebenso wie das Gefühl, dass etwas fehlt. Stattdessen handeln wir aus Mitgefühl und aus der bloßen Freude heraus etwas Wertvolles zu schaffen. Weil unsere Anstrengungen auf natürliche Weise anderen Nutzen bringen, wird unser Leben hier auf der Erde reich und sinnvoll. Wenn wir die Sechs Vollkommenheiten praktizieren, verwandeln wir Samsara fortwährend in Verwirklichung. Indem wir für unsere Nachwelt arbeiten, ernten wir als Resultat Freude und Leichtigkeit des Seins. Unsere Perspektive, unsere Gestalt und unser Verhalten verändern sich völlig. Wenn wir voll leben, voll produzieren und uns voll einsetzen, dann betreten wir einen Bereich jenseits der Psychologie und jenseits des gewöhnlichen Geistes. Wir genießen die Freuden jedes einzelnen Augenblicks. So wie wir die Speisen in einem wundervollen Restaurant genießen können, wird das Leben zu einem fortwährenden Fest.

Dharma-Weg der Arbeit

Viele tibetische Lehrer besuchen regelmäßig den Westen und andere Länder, in denen das Interesse am tibetischen Buddhismus wächst. Bei ihren Belehrungen und Segnungen werden sie von einem freundlichen Auditorium mit lebhafter Neugier für Tibet und die buddhistischen Lehren willkommen geheißen. Solche Besuche sind ohne Zweifel sehr wertvoll. Möglicherweise werden so karmische Samen gesät, die schließlich einmal zu einer tieferen Dharma-Verbindung heranreifen.

Dennoch habe ich das Gefühl, dass bei diesen kurzen Besuchen Studenten, die bereits ein ernsthaftes Interesse am Dharma entwickelt haben, und solche, die es vielleicht noch entwickeln werden, nicht genügend tiefgehende Unterstützung erfahren. Es reicht nicht aus, ein rotes Bändchen zu tragen, um jemanden zum Buddhisten zu machen. Wenn die Lehren im Westen Wurzel schlagen sollen, dann müssen Lamas bereit sein, mit westlichen Menschen und anderen interessierten Studenten täglich zu arbeiten.

Den Dharma mit jedem Aspekt des Lebens zu verbinden ist eine nie endende Aufgabe. Es bedarf dazu großer Anstrengungen von Seiten des Studenten, aber auch eines andauernden Engagements von Seiten des Lehrers. Ist das heutzutage wirklich gegeben? Wie viele Lamas mit westlichen Studenten machen sich zum Beispiel die Mühe, die westliche Geschichte, Kultur, Psychologie, Philosophie und den Stil westlicher Kommunikation zu verstehen? Vielleicht erachten manche Lamas das nicht für notwendig, aber aufgrund meiner Erfahrung möchte ich behaupten, dass es ohne irgendeinen gemeinsamen Hintergrund schwer ist, eine Grundlage für eine tiefe Beziehung zu schaffen.

Viele Lamas, die den Westen bereisen, scheinen ihre ausländischen Studenten anders zu behandeln als ihre tibetischen. Oft bieten sie ein Bild von viel Charme und Freundlichkeit. Natürlich kann das sehr nützlich sein. Aber der Buddha lehrte, dass es vier Methoden gibt, um Dharma-Studenten zu gewinnen: Großzügigkeit, freundliche Worte, ein gemeinsames Ziel und hilfreiche Handlungen. Wenn der Lehrer dem Studenten helfen will eine echte Verbindung zum Dharma herzustellen, dann sollte er alle vier anwenden. Freundliche Worte können die Grundlage bilden für eine beiderseits befriedigende Beziehung. Damit diese Beziehung sich vertieft, muss dem Studenten die Gelegenheit gegeben werden zu lernen, was es bedeutet, eine wahrhafte Verpflichtung dem Dharma gegenüber einzugehen.

Es ist gefährlich, bei neuen Dharma-Studenten die Vorstellung zuzulassen, ein qualifizierter tibetischer Lehrer könnte spirituelle Erreichungen austeilen, etwa so, wie ein Schullehrer Bonbons an Schulkinder verteilt. Früher oder später wird sich nämlich diese Süße auflösen. Vielleicht trauen viele Lamas westlichen Menschen nicht die Fähigkeit zu, von ganzem Herzen Verpflichtungen einzugehen, die Fortschritt auf dem Weg zur Erleuchtung gewährleisten. Ich möchte da nicht voreilig urteilen.

Mit derartigen Fragen habe ich mich schon immer befasst, seitdem ich vor mehr als dreißig Jahren in den Westen kam. Ich habe länger als zehn Jahre mit verschiedenen Methoden experimentiert, wie man die Tradition und die Lehren am besten in einem neuen Land präsentiert. Meine Studenten habe ich grundlegende Dharma-Begriffe und Übungen gelehrt, für die allgemeine Öffentlichkeit habe ich das Nyingma-Zentrum gegründet. Dort legte ich großen Wert auf einen Austausch mit Menschen aus führenden religiösen Positionen und mit Pädagogen, damit wir Wege zu einem gemeinsamen Verständnis erforschen können.

Nach zehn Jahren solcher Aktivitäten schien es mir, dass ich genug in dieser Richtung getan hatte. Seitdem habe ich kaum noch öffentlich gelehrt. Stattdessen habe ich mich darauf konzentriert, sehr eng mit einer kleinen Gruppe von Studenten zusammen zu arbeiten und diese dazu ermutigt, die Beschäftigung mit dem Dharma zu ihrem Lebensinhalt zu machen. Ich kann nicht sagen, ob diese Zusammenarbeit einen von uns näher zur Erleuchtung gebracht hat, aber ich weiß, dass unsere gemeinsame Arbeit zur Erhaltung des Dharma beiträgt. Und damit bin ich zufrieden, weil Arbeit mit dieser Motivation allein schon einen Aspekt des buddhistischen Pfades darstellt.

Die Früchte von Dharma-Arbeit

Der Buddha hat mit großer Genauigkeit beschrieben, wie man zur Erleuchtung gelangt. Die Zehn Stufen des Bodhisattva-Pfades und die Fünf Wege zur vollkommenen Realisation können uns leiten unser eigenes Leid und das anderer Menschen zu transformieren. In der Vergangenheit waren diese Lehren für große Bodhisattvas und realisierte Meister eine Quelle der Inspiration, zum Wohl aller Wesen zu arbeiten. Auch wenn wir nicht hoffen können es ihnen gleich zu tun, so können wir doch auf unsere begrenzte Weise unsere Bemühungen dem Wohle anderer widmen. Die von uns dafür entwickelte Praxis nennen wir 'Geschickte Mittel' – dabei wird Arbeit als Weg genutzt den Dharma zu praktizieren.

Dharma-Arbeit als Weg zu Wissen und Transformation spricht sicher nicht jeden an. Studenten, die sich in den Anfangszeiten unserer Gemeinschaft anschlossen, haben nicht unbedingt vorhersehen können, dass das einmal ihr Weg sein würde. Einige sind wieder gegangen, weil sie andere Wege verfolgen wollten. Sogar heute fragen mich manchmal noch Studenten, wieviel länger wir wohl noch fortfahren, so hart zu arbeiten und wann wir zu ‚richtiger' Dharma-Praxis übergehen. Ich antworte dann, dass das, was wir tun, richtige Dharma-Praxis ist. Wir behaupten nicht, dass unsere Arbeit ein schneller und leichter Pfad zu höherer Verwirklichung ist. Aber er bietet bestimmt die Gelegenheit, durch direkte Erfahrung zu lernen, was die Tradition ist, wie man eine Verbindung zu ihr herstellt und was es bedeutet, dem Dharma zu dienen.

Die Projekte, die wir uns als Gemeinschaft vorgenommen haben, stellen große Anforderungen an uns alle. Unsere Mittel sind begrenzt, unsere Ziele hoch, und wir sind nur eine kleine Anzahl von Leuten. Um den immer wieder wechselnden Anforderungen unserer Arbeit gerecht zu werden, mussten wir viele neue Fähigkeiten erlernen: Lehren, Management, Texte veröffentlichen, Drucken, Bauarbeiten, Instandhaltung, Kunst, Architektur, Planen, Entwerfen, Verwaltung von Finanzen und noch viele andere. Aber hier ist genau der Punkt, wo sich die Gelegenheit zur Transformation bietet. Wenn wir uns diesen Herausforderungen stellen, dann fordern wir gleichzeitig unsere Vorstellungen von unseren Grenzen heraus. Was in unseren Kräften steht, erweitert sich ständig, und dabei lernen wir unsere persönlichen Interessen zugunsten unseres gemeinsamen Zieles zurückzustellen. Diese innere Herausforderung, die ganz unvermeidlich eigensinnige Widerstände auslöst, gibt uns Gelegenheit zu erkennen, wie Samsara arbeitet, und zu beobachten, wie unsere geistigen Muster unser Leiden verstärken. Sie lässt uns auch tief erfahren, wie wir mit Hilfe der Lehren Leid und Frustration überwinden können.

Wenn es zum Beispiel unmöglich erscheint, die gewünschten Resultate zu erzielen oder die Schlusstermine einzuhalten, die wir uns für ein Projekt vorgenommen haben, dann ist das eine Chance für uns die Tiefe und die Qualität unserer Verpflichtung zu beurteilen. Wir haben gelernt, dass wir, wenn unser Entschluss wirklich tief und fest ist, viel mehr leisten können, als wir geglaubt haben. Schwierigkeiten, denen wir begegnen, erlauben uns, unsere Fähigkeiten, unser Motiv und unser Verständnis zu prüfen und zu verbessern. Allein die einfache Tatsache, dass wir angesichts von Schwierigkeiten nicht aufgeben bzw. unsere Energie nicht mit Entschuldigungen und Rechtfertigungen vergeuden, hilft unsere Überzeugung zu festigen. Solange wir nicht aufgeben, können wir sicher sein, dass wir durch diese Erfahrung unsere Fähigkeiten und Fertigkeiten für das nächste Mal verbessern.

Für den Dharma zu arbeiten gibt uns Gelegenheit, Vitalität, Geduld und innere Disziplin sowie eine tiefe Wertschätzung für Schönheit in ihrer feinsten Form zu entwickeln. Beim Praktizieren der Sechs Vollkommenheiten lernen wir ausdauernd in unseren Handlungen und fest in unseren Entschlüssen zu sein. Wenn wir Mitgefühl und Selbstlosigkeit üben, erzeugen wir Energie und Einsicht, um nach besten Kräften die Eigenschaften erleuchteter Kreativität zu fördern.

Unser Leben ist sehr reich geworden, seitdem wir in unserer Gemeinschaft erfahren haben, was es heißt, innere Disziplin zu kultivieren und Fähigkeiten zu entwickeln, die weit über das hinausgehen, was wir für möglich gehalten haben. Wir haben gesehen, dass Vīrja, die Übung von intensiver und konzentrierter Anstrengung, direkt zu Wissen transformiert wird. Durch unsere eigene Erfahrung haben wir entdeckt, dass das menschliche Potential unendlich ist, wenn wir in einer Situation sind, die Dharma-Aktivitäten begünstigt. Es ist uns klar geworden, dass wir die Einschränkungen, Erfindungen und den Betrug des gewöhnlichen Geistes und seine selbstzentrierte Logik durchschauen können. Auf unsere eigene, bescheidene Art haben wir flüchtige Einsichten gehabt, warum Gautama Śākyamuni, der Prinz der Śākyas, der vollkommen erleuchtete Buddha wurde.

Wenn wir für den Dharma arbeiten, müssen wir die Idee loslassen, dass unsere Bemühungen direkt zu spirituellen Ergebnissen führen. Disziplin, die auf Achtsamkeit und Hingabe basiert und die auf das Wohl anderer ausgerichtet ist, hat ihren eigenen inneren Wert. Wenn wir diese Erkenntnis und die damit verbundene Einsicht zulassen, dass unsere Arbeit unserer Nachwelt Nutzen bringt, entsteht ein Gefühl tiefer Erfüllung. Wir können dies einen religiösen Pfad nennen, aber mit der gleichen Berechtigung könnten wir sagen, es ist ein humanitärer Pfad, ein Pfad des Mitgefühls oder des Wissens - ja, sogar ein Pfad der Weisheit.

Hindernissen ins Auge sehen

Heutzutage erscheint vielen Menschen selbstloses Handeln töricht oder sogar widersprüchlich in sich selbst. Dieser Skeptizismus wirkt sich natürlich aus und erschwert unsere Aufgabe. Immer wenn wir aus einer Dharma-Sicht heraus handeln, treten Freunde und Verwandte als Sprecher auf für unsere im Verborgenen immer noch vorhandenen Zweifel und inneren Konflikte. Sie bemühen sich uns klar zu machen, dass wir unsere Zeit verschwenden, falsche Prioritäten setzen, auf uns selbst besser Acht geben müssten, dass wir zuviel geben und überhaupt jedes Gefühl für das richtige Verhältnis der Dinge verloren hätten. Weil es noch keine Vorbilder gibt, wie man ein Dharma-Leben in der modernen Welt führen kann, ist es schwer auf solche wohlgemeinten, aber schlechten Ratschläge so zu antworten, dass andere es auch verstehen können.

Wenn wir mit positiver Energie arbeiten und auf unsere Schwächen und die sie verstärkenden Ansichten achten und wenn wir uns bemühen die Muster zu ändern, die uns an Samsara fesseln, dann werden wir schließlich als Ergebnis eine tiefgehende Wandlung erfahren. Allerdings soll niemand glauben, das sei einfach. Ohne die Unterstützung einer auf den Dharma ausgerichteten Kultur sind Menschen, für die der Dharma neu ist, unzähligen Einflüssen ausgesetzt, die ihre Einsichten und ihre Absichten untergraben. Die Botschaften aus den Medien und die Meinung unserer Freunde verleiten uns dazu, dem den Rücken zuzukehren, von dessen Wert wir überzeugt sind. Aber noch gefährlicher sind die vertrauten Stimmen in unserem eigenen Kopf, die vor langer Zeit und ohne unsere Zustimmung aktiviert wurden. Sie reden uns ein, dass es uns so, wie wir leben, gut geht. Sie geben anderen die Schuld für unsere Schwierigkeiten, und sie versorgen uns mit einem nie versiegenden Strom zerstreuender Gedanken und Phantasien. Angesichts so mächtiger Kräfte ist es schwierig, sich auf das zu konzentrieren, was wirklich sinnvoll ist und echten Wert besitzt.

Es gibt eine uralte Geschichte von einem König, der von seinem Minister erfuhr, dass das Trinkwasser in seinem Land vergiftet war und dass jeder, der davon trank, seine Sinne verlor. Glücklicherweise besaß der König eine eigene Quelle, die nicht vergiftet war. So kam es, dass er selbst gesund blieb. Nach einer Weile, als alle seine Untertanen völlig von Sinnen waren, begannen sie sich über den König zu beklagen: Er sei als Herrscher unfähig und die Wege, die er verfolgte, seien zu ihrem Schaden. Eine lange Zeit blieb der König standhaft und sorgte weiter für das Wohl seiner Leute, aber letztlich hatte er keine Wahl mehr, er musste auch das giftige Wasser trinken.

Manchmal kommt es mir so vor, als ob sich diejenigen, die dem Dharma-Pfad treu bleiben wollen, in einer ähnlichen Situation befinden. Klar zu erkennen, was vor sich geht und wieviel Leid Menschen sich aus Unachtsamkeit selbst zufügen, das kann einen tief traurig machen.

Mit Ausdauer praktizieren

Je tiefer wir in unserer ‚Geschickte Mittel'-Praxis gehen, desto offensichtlicher wird ihr Wert für uns, und desto klarer sehen wir, dass es tatsächlich möglich ist, den Geist zu transformieren – trotz aller vorhandenen Hindernisse. Dem Dharma Großzügigkeit zu erweisen, zu arbeiten, um die Lehren zu schützen und weiterzugeben, unsere eigenen Pläne und Wünsche zu Gunsten anderer beiseite zu stellen, das sind wahrscheinlich die wirkungsvollsten Mittel von allen, um zu erfahren, für was der Dharma eigentlich steht. Was auch immer die Besonderheiten unserer Arbeit sind, wir üben die Sechs Vollkommenheiten. Wenn die Symbole, die wir schaffen, und die Werke, die wir produzieren, Form und Substanz annehmen, dann entsteht das Mandala der Verwirklichung in unseren Herzen.

Der wohltuende Einfluss dieser Arbeitsweise macht sich überall in unserer Gemeinschaft bemerkbar. Diejenigen, die an der Schaffung des Odiyan-Mandala beteiligt waren, wissen die Bedeutung der Bauwerke und der heiligen Symbole, an denen sie mitgewirkt haben, zu schätzen. Diejenigen, die mitgeholfen haben, das ergänzende Mandala der Nyingma-Organisation aufzubauen und zu verfeinern, können besser als jeder andere die Vision verstehen, die die Schaffung und das Wachstum unserer Gemeinschaft geleitet hat. Je mehr Studenten ihre persönlichen Bedürfnisse zurückstellen und der Mithilfe bei der Erhaltung und Verbreitung des Dharma den Vorrang geben, desto stärker wird ihre Fähigkeit, die Lehren des Buddha zu verstehen und zu vertiefen.

Dharma-Arbeit und Geschäftswelt

Ich habe oft gedacht, dass die Lektion, die wir bei unserer Arbeit gelernt haben, in jedem Arbeitsfeld nützlich sein könnte, selbst dann, wenn gar keine Dharma-Motivation im Spiel ist. Mitte der achtziger Jahre bildeten mehrere Mitglieder der Nyingma-Gemeinschaft, die diese Überzeugung teilten, eine Firma, die sie ‚Skillful Means Enterprises' nannten und der einige Jahre später die Firma ‚Dharma Enterprises' folgte. Sie machten es sich zum Ziel, den von uns entwickelten besonderen Pfad des Wissens durch Arbeit in einer fordernden und produktionsorientierten Weise anzuwenden, um so ein Beispiel für andere zu sein. Anfangs gab es Schwierigkeiten, den Übergang zur konkurrierenden Geschäftswelt zu finden. Dennoch waren diese Unternehmen ziemlich erfolgreich, was ich auf die ständigen Verbesserungen und die Anwendung des Pfades der ‚Geschickten Mittel' zurückführe.

Wenn Menschen in einer Arbeitssituation die Fallstricke der Emotionalität und Negativität vermeiden, dann können sie entsprechend ihres vollen Potentials produzieren, was ihnen einen enormen Vorsprung gibt. Wenn sie lernen Achtsamkeit, Konzentration und Energie zu kultivieren, wird ihre Arbeit kreativ und befriedigend – der Ausdruck einer neuen, bereichernden Zeit-Raum-Dynamik.

In einem gewissen Sinn sind die Werte der Geschäftswelt ganz andere als die des Dharma, aber auf einer anderen Ebene können die Dharma-Lehren in jeder Situation angewendet werden. Bewusstheit, Konzentration und Energie stehen im Mittelpunkt jeder menschlichen Aktivität und die besondere Arbeitsethik, die wir ‚Skillful Means' nennen, sollte für jeden Menschen von Wert sein, der effektiv sein will, gute Resultate erzielen und mehr Sinn in seiner Arbeit finden möchte. Vielleicht können in der Zukunft die Mitglieder unserer Gemeinschaft, die durch praktische Erfahrung diese Expertise erworben haben, ihr Wissen auf breiterer Ebene weitergeben.

Fürsorglichkeit und Verantwortung

Als ich nach Amerika kam, hatte ich zuerst noch vorwiegend traditionelle Vorstellungen, wie die Lehren und Übungen in angemessener Form weitergegeben werden sollten. Hier in Amerika habe ich es als eine wertvolle Dharma-Übung zu betrachten gelernt, die Lehren bei den Arbeiten und Dingen anzuwenden, die uns am meisten am Herzen liegen. Ich habe entdeckt, dass es tief inspirierend sein kann, jede nur mögliche Gelegenheit zu nutzen und jeden Augenblick so zu gestalten, dass neue Formen entstehen können.

Ich möchte nicht den Eindruck erwecken, als ob dieser Prozess automatisch oder mühelos ablaufen würde. Nicht alle unsere Projekte waren erfolgreich. Es gelang uns auch nicht immer, die Lehren, die wir zu praktizieren versuchten, vollkommen anzuwenden. Einige in Indien, Nepal und auch in diesem Land gestartete Projekte stießen auf ernsthafte Hindernisse, so dass wir sie aufgeben mussten, ohne unseren ursprünglichen Plan zu verwirklichen. Selbst bei erfolgreich abgeschlossenen Projekten mussten wir unerwartete Schwierigkeiten überwinden, die unsere Geldmittel und unsere Energien verzehrten. Angesichts von Hindernissen und Enttäuschungen ist Ausdauer ein sehr wichtiger Teil des Pfades, dennoch kann es entmutigend sein, wenn die gleichen Probleme immer wieder auftreten.

Jeder in unserer Organisation hat begriffen, dass Arbeit für den Dharma nicht vor den üblichen frustrierenden Mustern des samsarischen Geistes schützt. Persönliche Vorlieben und Abneigungen, Meinungsverschiedenheiten, Kritik und die

Diktate des Selbstbildes können jede positive Bemühung untergraben. Begeisterung am Anfang eines Projektes kann schnell umschlagen in kurzsichtige und selbstsüchtige Ideen. Wir alle können durch andere abgelenkt werden, können schlechten Einflüssen zum Opfer fallen, die Geduld verlieren, wenn sich Hindernisse zeigen oder unsere eigene Bequemlichkeit der für einen Erfolg notwendigen Anstrengung vorziehen.

Oft kann ich zu Beginn eines Projektes Lebendigkeit und Schwung vermitteln, die meine Studenten berühren und die Arbeit in Gang setzen. Aber die Dynamik lässt dann langsam wieder nach. Wenn die Energie bei einem Projekt erst unter einen gewissen Spiegel gesunken ist, dann kommen persönliche Schwierigkeiten zum Vorschein. Bald lenken diese Probleme die Triebkraft des Projektes in eine andere Richtung, bald verlangsamen sie es bis fast zum Stillstand. Dann verlieren wir den inneren Wert und die tiefere Dimension des Projektes aus den Augen. An diesem Punkt beharren Leute auf ihrer Schwäche und ihren persönlichen Grenzen, als ob sie stolz darauf wären. Die Arbeit wird zur Last, und ich höre von allen Seiten, dass ich Unmögliches verlange.

Wenn ein Projekt erst einmal zu einem gewöhnlichen Job geworden ist, dann können wir mit einer Reihe schmerzhafter Konfrontationen rechnen. Mein Gefühl der Dringlichkeit, das Projekt zum Abschluss zu bringen, macht für meine Studenten dann nur noch wenig Sinn, und dann kann es vorkommen, dass sie meinen Wunsch, das Bestmögliche für den Dharma zu schaffen, nur für eine unvernünftige und willkürliche Forderung halten.

Ich stelle fest, dass ich, um mit diesen Mustern fertig zu werden, immer wieder die ursprüngliche Begeisterung wachrufen muss. Das ist nicht so überraschend, denn wenn Studenten nur einen begrenzten Hintergrund haben, kann es für sie schwierig sein, den Wert unserer Arbeit zu verstehen. Trotzdem ist es enttäuschend zu sehen, wie die Energie bei einem Projekt nachlässt, auch wenn ich die Leute bitte, mit einer Dharma-Perspektive zu arbeiten, anstatt sich nur auf ihre persönlichen Interessen zu konzentrieren. Es ist auch entmutigend, diesen Abläufen immer wieder zu begegnen und zu beobachten, wie Intelligenz und Begeisterung allmählich der Trägheit und dem Unwillen weichen. Diese Tendenzen müssen immer wieder neu korrigiert werden, sonst fallen die auf ihr Ego konzentrierten Menschen, von ihren vielen Bedürfnissen voreingenommen und abgelenkt, fast automatisch zurück in ihre alten Muster, von denen sie sich halb schlafend durch ihr bisheriges Leben haben führen lassen.

Den Fokus auf das Ego zu richten ist Teil von Samsara, es ist charakteristisch für Menschen überall in der Welt. Was ich bei unserer Arbeit sehr schwierig fand, ist der typische Mangel an echter Fürsorglichkeit. Ich glaube, er entspringt der Rastlosigkeit des modernen Geistes. Es ist nie einfach, sich einer Arbeit kontinuierlich zu widmen, wenn deren Wert außerhalb der begrenzten Perspektive des Selbst liegt. Diese Rastlosigkeit macht das Engagement flach und voller Zweifel und damit Erfolg fast unmöglich. In dieser Situation leidet nicht nur die Arbeit, sondern auch der einzelne Mensch mit seinem Wunsch emotional und spirituell zu wachsen. Wenn wir uns nicht mit Ausdauer und Liebe um das Projekt bemühen, wie können wir dann unser Ziel im Auge behalten und uns um die vielen immer wieder anfallenden Kleinigkeiten kümmern?

Wie wichtig es ist, eine echte Fürsorglichkeit zu entwickeln, die bei allen Schwierigkeiten durchhält, ist nicht so einfach zu verstehen. Es gab Zeiten, in denen ich von meiner Unfähigkeit diese zentrale Wahrheit zu vermitteln, tief frustriert war. Ich habe gesehen, wie schwer es selbst für meine engsten Studenten ist, ohne zu schwanken eine Dharma-Perspektive aufrechtzuerhalten, aber sie ist die notwendige Vertrauensbasis zwischen Lehrer und Schüler. Dieses Niveau von Vertrauen entsteht durch Ehrlichkeit, Ehrlichkeit durch Disziplin und Disziplin durch tiefverwurzelte selbstlose Überzeugung und Verpflichtung. Wenn diese Qualitäten schwanken, ist das meistens ein Zeichen für verborgene Probleme und dafür, dass die Arbeit nicht mit Liebe und Sorgfalt getan wird. In solchen Situationen muss ich den ‚Boss' spielen, was aber bei den Studenten die Neigung zur komplementären Rolle des widerspenstigen Arbeitnehmers nur noch verstärkt. Die Tatsache, dass das alles für die Beteiligten so routinemäßig und vorhersagbar verläuft, macht es noch frustrierender. Am Ende ist die Arbeit zwar fertig, aber der Preis, den beide Seiten zahlen, ist hoch.

Unglücklicherweise wächst das Wissen, das uns solche Schmerzen ersparen könnte, nur sehr langsam – über Jahre. Für uns zu spät, um das Reifen des dadurch verursachten Karmas zu verhüten. Wenn ich geschickter wäre, hätte sich meine Fähigkeit, mit diesen Mustern umzugehen und sie zu durchbrechen, schneller entwickelt. Aber das ist nicht geschehen. Selbst wenn andere Lamas, die nach mir kommen, mehr wissen und größere Fähigkeiten haben, ist es fast sicher, dass sie den gleichen Mustern und den gleichen Herausforderungen begegnen werden.

Wenn Studenten diesen herzzerreißenden Schwierigkeiten gegensteuern wollen, müssen sie eine solide Vertrauensbasis für den Dharma entwickeln. Ist ihre Verbindung zu den Lehren und zur Übertragungslinie fest in ihrem Herzen verankert, können sie in ihren Zielen klar sein, und der Rest wird von selbst kommen. Aber nichts von all dem geschieht automatisch. Es braucht lange Zeit, bis Studenten Dharma-Arbeit zu ihrer eigenen Angelegenheit machen können, bis sie untrennbar von ihren tiefsten Sorgen und dem Pfad ihrer inneren Entwicklung wird.

Aber ich sehe Fortschritte. Seit in den letzten Jahren die Form des Nyingma-Mandala weiter herangereift ist und seine Symbole für alle sichtbar geworden sind, können Studenten den Wert ihrer Anstrengungen und ihre Resultate aus den letzten zwanzig oder mehr Jahren tiefer wertschätzen. Sie haben gelernt, die Kraft heilsamer Aktivitäten zu nutzen. Sie können die Bedeutung dieser Aktivitäten in ihrem Bewusstsein aktivieren und sie spüren den Segen, den diese Arbeit bringt. Wenn sie erst die Verbindung erkennen zwischen den von ihnen entwickelten Eigenschaften und der Dharma-Arbeit, die sie geleistet haben, dann wird es für sie immer deutlicher, warum sie Freigebigkeit, Disziplin, Geduld, Anstrengung, Konzentration und Weisheit geübt haben. Dann beginnen sie die tiefere Bedeutung ihrer Arbeit wahrzunehmen. Das sind positive Zeichen dafür, dass dieser Pfad in ihren Herzen Wurzel geschlagen hat, so dass der Dharma ihr Leben transformieren und durch ihre Handlungen scheinen kann. Ich kann nur hoffen, dass dieses Momentum sich weiterhin verstärkt.

Arbeit als Pfad des Lernens

Meine Zeit im Westen ist reich an Belohnungen gewesen. Im Besonderen spüre ich enorme Zufriedenheit, wenn ich daran denke, dass Dharma-Symbole jetzt in Amerika ein Zuhause gefunden haben, dass wichtige, grundlegende Texte übersetzt wurden und dass heilige Texte und Kunst für die Zukunft erhalten und für Tibeter erreichbar gemacht wurden.

Wenn ich mich nach meiner Flucht aus Tibet entschlossen hätte, in Indien oder Nepal zu bleiben, wäre ich wahrscheinlich in ein persönliches Retreat gegangen. Vielleicht hätte ich ein Zentrum für Dharma-Studien errichtet oder ich hätte mitgeholfen ein Kloster zu gründen. Viele qualifizierte Leute haben solche Projekte unternommen. Hier in Amerika konnte ich aber einen einzigartigen Beitrag leisten. Moderne Technologie hat es uns ermöglicht, Resultate zu erzielen, die in Tibet undenkbar gewesen wären. Weil es keine Modelle oder Vorgänger für unsere Projekte gab, war ich dauernd genötigt neues Wissen zu entwickeln, um diese Resultate zu erzielen.

Es war eine bemerkenswerte Erfahrung, in einer fremden Kultur zu arbeiten und zu versuchen Studenten und Freunden, die nie zuvor dem Buddhismus begegnet waren, meine Vision zu erklären und zu zeigen, was möglich ist und was Wert hat. Ich musste ständig grundlegende Konzepte neu überdenken und neu formulieren. Ebenso musste ich neue, effektivere Wege der Kommunikation finden. Es gab für mich reichlich Gelegenheit, neue Fähigkeiten zu erlernen, von Management bis hin zu Finanzverwaltung, und ich erhielt intensives praktisches Training, was man vielleicht angewandte Psychologie nennen könnte. Ich habe gelernt, wie westliche Menschen denken, und durch sie habe ich Wichtiges über die menschliche Situation erfahren.

Im täglichen Umgang mit meinen Studenten und bei den unzähligen Entscheidungen, die getroffen werden mussten, um unsere Projekte zu verwirklichen, hatte ich keine andere Wahl, als mich intensiv mit Dingen zu befassen, die nach meiner Überzeugung wertvoll waren. Selbst die Frustrationen, durch die ich gehen musste, hatten ihren Wert. Die Lehren von der Ersten und Zweiten Noblen Wahrheit – Leiden und der Ursprung des Leidens – waren sehr real und gegenwärtig in meiner eigenen Erfahrung.

Wenn das alles für mich nicht einfach war, so war es sicherlich auch für meine Studenten nicht leicht. Ich weiß sehr gut, dass ich nicht der Einzige bin, der die Geduld verliert, frustriert ist und sich in Mustern von misslungener Kommunikation gefangen fühlt. Ich unterschätze auch nicht, dass meine Studenten viele Jahre an Projekten gearbeitet haben, deren Sinn sie nicht genau verstanden. Ich bin sehr dankbar für das Vertrauen, dass sie meiner Vision entgegengebracht haben. Meine Dankbarkeit für alles, was sie getan haben, zeige ich, indem ich ihnen so viele neue und herausfordernde Arbeiten gebe, wie ich kann, damit sie ihre Praxis und ihr Verständnis weiterentwickeln können.

Meine Studenten haben ihr spirituelles Wohlergehen vertrauensvoll in meine Hände gelegt. Dieser Verantwortung gewahr, habe ich mich verpflichtet, niemals ihre Zeit zu verschwenden. Ich halte es für meine Pflicht, sie den Wert und die Bedeutung des Dharma zu lehren und sicherzustellen, dass ihre Bemühungen Verdienste bringen. Wenn sie verschiedene Fähigkeiten beherrschen und ihre Anstrengungen einer guten Sache widmen, dann entwickeln sie auch die notwendige Disziplin, um produktiv zu sein in allem, was sie tun. Sie lernen sich nicht Tagträumen hinzugeben und ihre Zeit nicht mit leeren bedeutungslosen Beschäftigungen zu vergeuden. Ihr Leben wird erfüllt und reich, wenn man die Wohltaten bedenkt, die aus ihrer Arbeit erwachsen.

Je mehr wir unsere Bewusstheit auf den Wert unserer Arbeit lenken können, desto mehr lernen wir. Im Laufe der Jahre haben wir durch den Stress und die Spannungen in unserer Arbeit eingesehen, wie kurz das Leben ist und dass wir Sinn in unseren täglichen Aktivitäten finden müssen. Vor allem aber ist uns klar geworden, dass wir erreichen können, was andere für unmöglich erklärt haben, und dass wir jede Grenze durchbrechen können, um etwas Besonderes zu erreichen. Ich weiß, wenn diese Lektionen erst einmal verstanden sind, werden in unserer Gemeinschaft größere Bewusstheit und tiefere Einfühlsamkeit sowie der Beginn einer neuen Wertschätzung und Freude wachsen.

Ich kann nicht behaupten, dass ich völlig erfolgreich war,

meinen Studenten Fürsorglichkeit, Liebe und Wertschätzung für die Tradition und für einander zu vermitteln. Das würde das Weiterbestehen der Übertragungslinie in diesem neuen Land sicherstellen. Aber es hat doch auch wichtige Entwicklungen und Fortschritte gegeben. Ich hoffe, dass die Menschen in den kommenden Jahren lernen, die Konsequenzen ihrer Einstellungen und Handlungen zu erkennen und sorgfältig abzuwägen. Meiner Meinung nach ist das die beste Garantie, sinnvolle Resultate zu erzielen und so zum Wohl zukünftiger Generationen beizutragen.

Verdienste weitergeben

Auf viele Aufgaben, die ich für den Erfolg unserer Projekte erfüllen musste, hat mich meine Ausbildung in Tibet nicht vorbereitet. Um unsere Ziele erreichen zu können, musste ich hauptsächlich meine eigenen Methoden neu überdenken, und dabei habe ich viele Fehler gemacht. Trotzdem bin ich von unseren Ergebnissen nicht enttäuscht. Wenn mir jemand 1969 eine Liste gezeigt hätte, mit allem, was unsere Organisation bis zum Jahr 2000 erreicht hat, wäre mir das wie ein wilder, unmöglicher Traum erschienen. Aber heute ist es für jeden sichtbar, was wir erreicht haben, und wir haben mehr oder weniger alles allein geschafft, mit nur wenig Unterstützung von außerhalb.

Weil ich das alles selbst erlebt habe, kenne ich aus erster Hand die Beschränkungen auf allen Ebenen, mit denen wir konfrontiert waren. Wenn wir genug Geld hatten, dann fehlten uns das nötige Wissen und die nötigen Fähigkeiten. Wenn wir Geld und Wissen hatten, dann mangelte es uns an Leuten. Wenn wir die Leute hatten, dann mangelte es an Geduld, Disziplin oder Einsicht, um uns den neuen Herausforderungen des Projektes zu stellen. Bei manchen Projekten lernten wir alle paar Wochen einen total neuen Arbeitsprozess oder eine neue Fertigkeit. Entweder lernten wir bei der Arbeit oder indem wir versuchten von ein paar Stunden Einweisung so viel wie möglich zu profitieren. Bei jedem Schritt haben wir teure Fehler gemacht und mussten unseren Schwächen und Grenzen ins Auge sehen. Manchmal sah es wie schiere Erschöpfung aus. Immer wieder wurde mir klar, was der amerikanische Ausdruck „zwei Schritte vorwärts und einen zurück" bedeutet.

Darum sind unsere Resultate in meinen Augen so bemerkenswert. Wer auch nur an einem dieser Projekte mitgearbeitet hat, weiß, wie viele Probleme und Details auftauchen können und wieviele Entscheidungen getroffen werden müssen. Und doch hatten wir zahllose derartige Projekte und jedes einzelne brachte eine lange Liste von Details mit sich. Ich kann mich zurück erinnern, wie ein Projekt Form angenommen hat, und ich weiß noch genau, welche Rolle jeder von uns gespielt hat, aber es ist mir oft unmöglich, all diese Mühen mit dem fertigen Produkt in Zusammenhang zu bringen. Einige von unseren Projekten sind einfach zu gewaltig, um zu glauben, wir könnten sie geplant und bis zur Fertigstellung durchgeführt haben.

Wenn ich versuche all dem einen Sinn zu geben, dann reichen rationale Erklärungen nicht aus. Eine Möglichkeit, über die Ergebnisse unserer Anstrengungen nachzudenken, ist zu akzeptieren, dass diese Projekte einfach geschehen mussten. Wenn das Potential vorhanden ist und das Wissen zur Verfügung steht, dann können Geschehnisse in die Zeit hinein ‚explodieren'. Das ist hier anscheinend passiert. Von einer religiösen Perspektive könnte man sagen, dass Gebete erhört wurden. Aus buddhistischer Sicht müsste man sagen, dass karmische Umstände hier zusammengekommen sind.

Auf jeden Fall bin ich sicher, dass das, was wir vollbracht haben, nicht allein mein Werk ist. Selbst wenn ich klüger und geschickter wäre und eine klare, untrügliche Vision und einen Plan für jedes Ziel gehabt hätte, wäre es unmöglich gewesen, allein durch meine Wünsche und meine Willenskraft solche Resultate zu erzielen. Meine Fähigkeiten und meine Mittel sind einfach zu begrenzt und die Teile des Puzzles zu verschieden. Immer wieder musste ich Entscheidungen treffen, ohne wirklich zu wissen, was das Beste ist; und ich musste die Grenzen meines Wissens immer wieder überschreiten. Wenn sich die Ergebnisse so dauerhaft als fruchtbar erweisen, wie kann ich da anders als von Segen sprechen oder sagen, dass Zeit, Raum und Wissen auf mysteriöse Weise zusammengetroffen sind?

Vielleicht sind Erklärungen letztendlich auch nicht wichtig. Meine Erfahrung hat mich überzeugt, wenn wir so arbeiten mit dem Fokus ständig auf Resultate gerichtet, dann gehen wir einen Pfad, der mit Sicherheit zu Zufriedenheit führt. Das Leben präsentiert zahllose Gelegenheiten, in denen wir vom Selbstbild gefangen genommen werden bzw. von politischen Machenschaften oder von der Sorge um den eigenen Status. Aber wenn wir ständig tricksen müssen, um unsere Position zu erhalten, können wir dabei leicht die Chance verpassen, in der kurzen uns gegebenen Zeit etwas Sinnvolles zu erreichen. Wenn wir unsere Zeit gut nutzen und der Vision davon, was wir für andere tun können, treu bleiben, dann können wir darauf vertrauen, dass wir einen bleibenden Beitrag für die Zukunft leisten. Ob wir Freude oder Schmerz fühlen, ob andere unsere Bemühungen anerkennen oder ob sie Kritik üben und sich beschweren, was zählt, ist unsere Verpflichtung und Klarheit und unser Vertrauen in den Wert unserer Arbeit.

Der Wert von Dharma-Arbeit

Wenn wir arbeiten, um dem Dharma zu dienen, dann tragen wir zum Reichtum einer großen Schatzkammer bei, die allen Wesen zugute kommen wird. Gleichzeitig geben wir für andere ein Beispiel zur Nachahmung. Meine Studenten können nicht viel finanzielle Vergütung für ihre langjährigen Bemühungen erwarten, aber das Gefühl, etwas erreicht zu haben, ist eine echte Belohnung. Ich hoffe, sie wissen es zu schätzen.

Ein weiterer Vorteil unserer Arbeitsweise ist der Fortschritt, den wir in Richtung auf einen positiven und gesunden Lebensstil erreicht haben. Obwohl wir in unserer Organisation manchmal mit schwierigen Situationen fertig werden müssen, ist doch die Grundstimmung positiv. Wir haben gelernt nicht immer unseren Bedürfnissen nachzugeben, stattdessen versuchen wir zu erreichen, was wirklich Wert hat. Wir haben die Flüchtigkeit von sozialem Druck und persönlichen Gefühlen erfahren. Sicher sind wir auch manchmal kurzsichtig, machen Fehler und sehen erst später, wie wir es hätten besser machen können. Wir lassen uns von typischen Dramen, Verwirrungen und Emotionen gefangen nehmen. Aber diese Hindernisse verschwinden meistens schnell von selbst wieder, und dann fahren wir fort in unserer Arbeit. Auch das ist eine wertvolle Lektion, die wir hoffentlich an andere weitergeben können.

Unsere breitgefächerten Erfahrungen und Fähigkeiten sind für so eine kleine Gemeinschaft bemerkenswert. Beim Arbeiten haben wir uns die für jedes Projekt nötigen Fertigkeiten angeeignet. Jetzt sind wir erfahren im Textsetzen, Bücher entwerfen und produzieren, in Bauarbeiten, in den verschiedensten Kunstarten, im Schreiben und Übersetzen, im Vergolden und Ätzen, in Computertechnologie, in der Herstellung ritualer Objekte und in allen Arten von Verwaltungsarbeit. Wir beherrschen einige wirklich ungewöhnliche Handwerke und wir haben zahlreiche Projekte durchgeführt, die uns jetzt befähigen mit wertvollen Materialien zu arbeiten.

Die Vorteile dieser Arbeitsweise sind vielfältig. Einige Leute haben die hier erworbenen Fertigkeiten dazu benutzt, außerhalb für sich eine Karriere aufzubauen. Die Hiergebliebenen ernten ausgiebig die Früchte ihrer Ausbildung und die Früchte, die unsere Arbeit hier so reichlich bietet, und sie genießen die schöne Umgebung, in der wir leben und arbeiten. Die Resultate sprechen für sich, das ist wichtig. Wir haben profitiert, aber auch für Amerika und für die Tibeter ist unsere Arbeit von Nutzen.

Das Herz dessen, was der Buddhismus zu bieten hat, was von Generationen erleuchteter Meister weitergegeben wurde, hat keine greifbaren Formen, und in diesem Sinn ist es nicht leicht zu vermitteln. Aber die Formen, die in unserer Gemeinschaft geschaffen wurden, könnte man als Brücke zu dieser inneren, unsichtbaren Ebene der Lehren auffassen. Der von uns entwickelte Zugang ist realistisch und praktisch. Indem wir erschaffen, erhalten und beobachten, werden wir mit jedem Aspekt der Lehren vertraut. Während wir an andere weitergeben – durch Texte, durch Kunst und Ritual und durch die Gelegenheit, in einen Mandala-Bereich einzutreten – legen wir die Samen, die vielleicht eines Tages reichlich Früchte tragen werden.

Odiyan: Dharma als Lebensweg

Wie jemand den Dharma in sein tägliches Leben integriert, ist weitgehend eine persönliche Sache, aber die äußeren Umstände spielen dabei auch eine wichtige Rolle. Aus dieser Sicht sind Menschen des Westens im Nachteil. Sogar Menschen, die den Dharma lieben und tiefe und bedeutungsvolle Meditationserfahrung haben, müssen einen Weg finden, um die Lehren in eine Kultur zu integrieren, die keinen richtigen Begriff vom Buddhismus hat. Irgendwie müssen sie sich harmonisch in die Gesellschaft einfügen. Sie müssen die Erwartungen von Freunden und Familie erfüllen, ihren Lebensunterhalt verdienen und noch vieles mehr. Es ist absolut nicht leicht.

Innerhalb unserer Gemeinschaft ist Odiyan eine Antwort auf dieses Dilemma. Hier verschwindet weitgehend der Konflikt zwischen täglichem Leben und Dharma-Pfad. Hier können Studenten ziemlich unabhängig in einer positiven und gesunden, für fast jeden anziehenden Umgebung leben. Ohne sich um hohe Lebensunterhaltskosten, Umweltverschmutzung, tägliche Fahrten zum und vom Arbeitsplatz oder eine schlechte ökonomische Situation sorgen zu müssen, können Menschen in Odiyan sich auf das Wesentliche ihrer Dharma-Praxis konzentrieren. Gleichzeitig ist unser einfacher, ländlicher Lebensstil nicht so weit vom Hauptstrom der westlichen Gesellschaften entfernt. Wenn wir unsere Nachbarn treffen, haben wir das Gefühl, dass wir vieles gemeinsam haben, wie zum Beispiel die tiefe Wertschätzung für das Land, auf dem wir leben.

Das Leben in Odiyan ist reich an Schönheit und Freude. Die Atmosphäre von Stille und Sonnenlicht, von Wind, Regen und wachsenden Pflanzen, von Dharma-Symbolen und Bauwerken kann das Herz erfreuen. Bei der Arbeit wird Disziplin geübt; die Lage begünstigt innere Ruhe und größere Sensibilität für die heilende Kraft der Natur und die Pracht des Dharma. Wir besitzen eine enorme Bibliothek mit traditionellen Texten, die in Zukunft zum Studium zur Verfügung steht. Die Gegenwart der heiligen Symbole lädt einen ständigen Strom von Segnungen ein. Schon eine einzige Woche

Aufenthalt in Odiyan kann eine positive und heilende Energie und eine andere Art von Wissen enthüllen. Derartige unterstützende Bedingungen und Umstände sind in der heutigen Welt rar, darum freue ich mich, dass wir sie aufrichtigen und engagierten Studenten anbieten können.

Natürlich wird nicht jeder zu allen Zeiten auf solche Umstände positiv reagieren. Manchmal kommt es vor, dass Leute, die an einem Projekt arbeiten, mittendrin aufgeben und fortgehen, oder sie beschließen, dass das, was wir anzubieten haben, nicht mehr mit ihren persönlichen Zielen übereinstimmt. Einige von denen, die bleiben, selbst die, die Wertschätzung für die Linie der Realisation und für die Bedeutung der heiligen Abbildungen und Bauwerke entwickelt haben, beschweren sich manchmal, dass es zu viel zu tun und zu viel Verantwortung gibt und zu wenig Zeit für persönliches Studium und Praxis. Meine Antwort darauf ist einfach: Alles, was Wert hat, hat auch seinen Preis. Nur wenn wir lernen unsere Werte umzusetzen, an der Tradition teilzunehmen, Ausdauer zu entwickeln und Opfer zu bringen und ohne Ablenkung unsere Vision zu verfolgen, dann wird uns die wirkliche Bedeutung des Dharma klar.

Keiner von uns kann sich immer an diesen Maßstäben messen, aber wir alle können immer wieder neu den Wert von Verpflichtung und harter Arbeit entdecken. Der Seufzer, der sich uns entringt, wenn wir wieder einer neuen Arbeit gegenüber stehen, ist nicht nur ein Zeichen von Müdigkeit, irgendwie ist er eine Bestätigung. Wer jemals so geseufzt hat, weiß, was ich meine. Die Weisheit, die allen Erscheinungen und den inspirierenden Bildern, auf die unser Auge trifft, zugrunde liegt: Das ist das Wissen, was aller Mühe wert ist.

Transformierende Weisheit des Dharma

Die großen Meister der buddhistischen Tradition haben alle aufeinanderfolgenden Stufen des Pfades zur Befreiung untersucht und uns dann von ihren Entdeckungen berichtet. In ihren Schriften haben sie uns gezeigt, dass die Fünf Pfade (Mārga), die Zehn Stufen (Bhūmi), die Sechs Vollkommenheiten (Pāramitā) und die Siebenunddreißig Flügel der Erleuchtung Wegweiser sind, die uns zeigen, wie wir Schritt für Schritt voranschreiten und wie wir unsere Erfahrung dabei zunehmend entwickeln können. Wenn wir diese Lehren mit Respekt behandeln und sie praktizieren, wird der Dharma zum Zeugen, was Erleuchtung bedeutet. Folgen wir diesen Wegweisern, so lernen wir durch ganz persönliche Erfahrung, wie wir jedes auftretende Hindernis überwinden können. Wir lernen eine Art des Seins zu manifestieren, die die Grenzen der menschlichen Kondition weit übersteigt.

Genau wie die Vierundachtzig Siddhas müssen wir alle, um der Erleuchtung näher zu kommen, unseren eigenen Weg finden in Übereinstimmung mit unserem eigenen Geist, unserem eigenen Karma und dem dynamischen Rhythmus unseres eigenen Lebens. Wenn wir unsere Bewusstheit erweitern und die Fähigkeiten und die Kraft unseres Unterscheidungsvermögens entwickeln, können die großen Meister unsere Zeugen und Führer sein. Sie vertreiben Verwirrung, zeigen uns, was echt ist, und sie weisen uns den nächsten Schritt auf dem Weg. Indem wir über ihr Leben nachdenken, finden wir die Inspiration noch mehr zu tun, und wir können durch sie die Authentizität unserer Erfahrung bestätigen. Ihr Beispiel kann unser Potential offenbaren, und ihr Segen kann uns helfen zu erwachen. Allein aus diesem Grund erscheinen der Dharma und die Menschen, die ihn verkörpern, in der Welt.

Um zu begreifen, was das heißt, brauchen wir uns nur das Leben des Buddha anzusehen. Einziges Ziel seiner Anstrengungen und einziger Sinn seiner Reise zu grenzenlosem Wissen war, alle fühlenden Wesen zur Erleuchtung zu führen. Die von ihm hinterlassenen Schriften und die Übertragungslinien, die er gründete, ermöglichen uns, es ihm gleich zu tun. Seinem Pfad zu folgen, Zugang zu seinem Wissen zu gewinnen und Vertrauen in seine Kraft, machen unser Leben jeder Mühe wert. Es gibt keinen höheren Wert auf diesem Planeten.

Müssen wir das alles einfach so akzeptieren? Die Lehren sagen: nein. Sie bieten uns keine festen Dogmen, sondern für jeden Menschen einen passenden Pfad, der erforscht und untersucht werden kann, um zu erfahren, was wahr und was wertvoll ist. Darum habe ich große Anstrengungen unternommen, um die kompletten, von der Nyingma-Linie überlieferten Texte zu erhalten. Bisher gibt es diese Werke nur auf Tibetisch, aber das kann sich ändern, denn die Sprache, die sie sprechen, ist universal. Sie sind bis heute nur von großen Meistern der Vergangenheit zur Erfüllung gebracht worden. Aber auch das mag sich ändern, denn jeder Geist kann ihre Wahrheit verkörpern, und jede Erfahrung kann ihre Schönheit manifestieren.

Buddhistische Schriften vermitteln uns die transformierende Kraft von heiliger Kunst, die Weisheit der höchsten Philosophie und das Wissen einer umfassenden Kosmologie. Sie bieten uns eine Vision und einen Pfad meditativer Verwirklichung, der es jedem Menschen erlaubt, sein eigener Führer zu sein. Obwohl nur eine Handvoll von den hunderttausend Themen, über die der Buddha gelehrt hat, erhalten sind, enthalten die übriggebliebenen Texte doch einen unbeschreiblichen Schatz an Wissen.

Vor über 2500 Jahren verkörperte der Buddha mit seinem eigenen Sein die vollkommene und totale Befreiung von Samsara. Seine Lehren geben seine Erfahrung weiter. Erleuchtete Arhats und Bodhisattvas haben diese Lehren aufgezeichnet und sich dabei auf ihr eigenes transzendentes Wissen bezogen. So konnten sie die Realisation, die mit der des Buddha identisch ist, weitergeben. Diese Lehren sind kein Produkt menschlicher Interpretationen. Sie sind Ausdruck einer Bewusstheit, die so weit außerhalb des gewöhnlichen Geistes liegt, dass wir sie nur noch als magisch bezeichnen können. Und doch ist es eine Magie, die wir auch verkörpern können.

Der Dharma enthüllt uns, wie wir die Operation von Karma und Kleśa und die Struktur von Samsara durchschauen und untersuchen können. Er zeigt uns die Schönheit eines Kosmos, in dem jede Manifestation – unser Geist und unsere Emotionen eingeschlossen – die Natur des Buddha ausdrückt. Er weist uns einen Weg zu unvorstellbarer Erfahrung.

Es ist ein Wunder, dass wir die Fähigkeit besitzen, diesem Pfad zu folgen. Wir sind die Leiter, die zur Verwirklichung führt, die Verbindung, durch die die vollkommene Bewusstheit in der Welt Gestalt annimmt. Unser Menschsein ist das eigentliche Herz der Erleuchtung. Woher wissen wir das? Weil der Buddha selbst das große Experiment unternommen hat. Er manifestierte sich in menschlicher Form und widmete sein Leben der Frage, ob wir Menschen Verwirklichung von höchster Wahrheit und die Befreiung von Leiden erreichen können. Er wurde genau wie wir geboren, wuchs heran, spielte Kinderspiele, erhielt Erziehung, heiratete und gründete eine Familie. Genau wie wir lernte er die samsarische Welt und persönliche Sorgen kennen. Wie große Lehrer aus anderen Traditionen erreichte er die höchste spirituelle Stufe. Er erfuhr alles, und er ging über alles hinaus. Indem er gründlich untersuchte und alles hinterfragte, gelang ihm der Sprung über das konzeptionelle Denken hinaus zur Unvermeidbarkeit der Erleuchtung. Ausgestattet mit Zeichen und Symbolen vollkommener Realisation häufte er Güte und Großzügigkeit an, bis schließlich Samsara aus der Existenz explodierte. Er tat das nicht nur für sich selbst, sondern für die Wesen der ganzen Welt. Die Verdienste der Erleuchtung widmete er allen Wesen, etwas, was nur einem Buddha möglich ist. Er gründete eine Übertragungslinie und einen Pfad, die beide noch heute für uns zugänglich sind.

Alle Menschen sehnen sich nach ein paar einfachen Dingen: Frieden, Freude, Liebe und Glück. Der Dharma bietet uns diese Reichtümer, aber er lehrt uns auch noch höher zu streben. In zahllosen Samādhis, in die die Erleuchteten eingetreten sind, sind Hundertausende verschiedener Erfahrungen enthalten, jede weiter fortgeschritten, noch erfüllender, noch reicher an Schönheit, Liebe, Freude und Mitgefühl als irgendetwas, was wir uns heute vorstellen können. Allein der Blick auf eine einzige Sūtra, wie die Avantamsakra, die Śurangama oder die Prajñāpāramitā, enthüllt uns die Immanenz solcher Schätze, nicht weil unser gewöhnlicher Geist sie erdenken oder erwecken kann (er kann nicht), sondern durch die Gnade der Erleuchteten und den Segen der Linie.

Wir leben in einer Welt, in der die Zeit zu kurz und der Raum zu eng ist und wo Wissen uns oft nicht die Antworten geben kann, nach denen wir suchen. Jetzt ist die Zeit angebrochen, das alles zu ändern. Wenn unsere Geduld nicht ausreicht, um viele Leben lang zu warten, bis uns jemand ins Gelobte Land führt, dann müssen wir uns entschließen selbst zu handeln. Glücklicherweise haben wir die Fähigkeit dazu. Wir müssen nur die kurze Strecke überqueren, die zwischen keinem Zugang zu Wissen und einem Zugang zu Wissen liegt. Ein kurzer Schritt, aber eine gewaltige Transformation. Das ist es, was der Dharma zu bieten hat: Das Potential für eine persönliche und eine globale Wiedergeburt von unvorstellbaren Dimensionen.

Der Segen des Dharma manifestiert sich als Licht, Licht erfüllt von der magischen Kraft, die Finsternis zu erhellen. Wenn wir versuchen den Dharma zu verkörpern, können wir mit dieser bemerkenswerten Kraft experimentieren. Wir können Wissen im Labor menschlichen Lebens kultivieren und dabei entdecken, wie man den Prozess der Transformation in Gang setzt. Wir können lernen, wie der Geist Frieden erlangt, wie alte Muster einfach weggewaschen werden, wie tief verwurzelter Hass seine Kraft verlieren kann und wie Feinde zu Freunden werden können.

Je liebevoller wir uns Geist und Herz widmen, desto heller scheint das Licht der Weisheit und des Mitgefühls und enthüllt uns neue Dimensionen der Bedeutung in all unserem Tun. Aus der Dunkelheit von Gier und Verwirrung heraus beginnt das Gutsein zu funkeln und zu scheinen – erst ein Schimmer, dann ein Glühen, bis wir erkennen, dass überall Licht ist, ohne Einschränkung und ohne Grenzen. Diese Art zu arbeiten und zu leben macht unsere menschliche Existenz reich, tugendhaft, vollkommen und furchtlos. Sie öffnet uns den Weg für die transformierende Kraft von Bodhicitta.

Sobald Bodhicitta in uns erwacht, merken wir, dass wir eine große Mission zu erfüllen haben: Das, was wir erfahren haben, kann und muss anderen mitgeteilt werden. Unsere Aufgabe erscheint gewaltig, aber wir können den Segen der Bodhisattvas als Hilfe erbitten, denn die Früchte ihrer Verwirklichung durchdringen allen Raum und alle Zeit. Sie stehen uns hier und jetzt zur Verfügung. Die Natur von Mitgefühl ist unermüdlich und ihre selbstlose Motivation kennt keine Grenzen und kein Ende.

Im Licht der Verwirklichung enthüllt sich uns die Familie der Erleuchteten. Sie gewähren allen ihren Segen.

Padmasambhava sagte: Die Buddhas der Vergangenheit stehen hinter uns, die Buddhas der Gegenwart sind an unserer Seite und die Buddhas der Zukunft ziehen uns nach vorne zum richtigen Verbindungspunkt mit dem Pfad der Befreiung. Umgeben von Licht beschreiten wir mühelos diesen Pfad und genießen unser Glück.

Die Vision dieses unfassbaren Potentials hat mich dazu inspiriert, Tibets Tradition für die Nachwelt zu erhalten. Ich möchte, dass jeder von uns die endgültige Befreiung von Leid und Schmerz erfährt. Ich wurde von der Überzeugung geleitet, dass der Verlust verheerend wäre, wenn die Realisationslinie und die Modelle für Kāya, Vācā und Citta von der Erde verschwinden würden. Sogar für diejenigen, die nie etwas von der erleuchteten Linie gehört haben, wäre der Verlust unermesslich.

Weil uns diese Überzeugung und die Gewissheit, dass alle Wesen das Potential zur Erleuchtung haben, inspiriert hat, haben meine Studenten und ich für das Wohl zukünftiger Generationen alles getan, was wir konnten. Mögen die sichtbaren Ergebnisse dieser Arbeit demonstrieren, wie Wissen sich in der Welt manifestieren kann, so dass die freie Kreativität des Geistes Form und Gestalt annehmen kann.

Die Kraft des Gebetes

Unsere Tradition hält Gebete und meditative Übungen für die effektivsten Mittel, um die Schmerzen und die Verwirrung von Samsara zu heilen. Andere Versuche, das Leiden zu lindern und unsere Lebensweise zu verbessern, haben ihre Grenzen, die wir scheinbar nicht überschreiten können. Selbst die Technologie, unsere stolzeste Errungenschaft der Neuzeit hat keine Antwort auf die Probleme, die überall, selbst in den reichsten Nationen, auftreten.

Es wird immer deutlicher: All unsere Anstrengungen, um unsere Probleme loszuwerden, bleiben erfolglos. Vielleicht verstärken sie sogar noch unsere Frustration und Unzufriedenheit. Manche Lösungen beseitigen unser Leiden in gewissen Bereichen unseres Lebens, aber in anderen verstärken sie es, oder sie erwecken ethische Bedenken, was uns als Individuen verwirrt und als Gesellschaften entzweit. In unserem Verlangen nach materiellem Wohlstand scheinen wir uns weiter von dem Wissen zu entfernen, was unser menschliches Herz und unseren Geist unterstützen könnte. Da unser Verständnis vom menschlichen Geist schwächer wird und unser Erziehungssystem sich fast ausschließlich mit materiellen Zielen beschäftigt, sind wir dabei, unser Erbe zu vergessen und den Bezug zu den Werten und der Schönheit des Lebens zu verlieren. Unsere Zeit wird immer kürzer, wir fühlen uns ständig unter Druck und unser Leben verläuft fast automatisch. Wir werden den Maschinen immer ähnlicher, von denen wir erhofft hatten, sie würden uns mehr Freiheit für ein glücklicheres und produktives Leben verschaffen. Stattdessen verstricken sie uns immer tiefer in neue, kaum zu überwindende und komplexe Schwierigkeiten.

Um dem entgegenzuwirken, müssen wir Buddha,Dharma und Sangha um ihren Segen bitten. Wir müssen die Motivation entwickeln, die unserer Meditation Kraft verleiht und unsere spirituellen Fähigkeiten trainiert. Durch Gebete an die Erleuchteten wendet sich unser Geist Klarheit und Wissen zu. Visualisation und Mantras verbinden die Energien von Körper und Geist und fördern so eine umfassendere Vision. Meditation regt Energie an und stärkt das Verlangen nach Realisation, Symbole führen unser Bewusstsein in tiefere Dimensionen. Hingabe an einen Sinn, größer als wir selbst, öffnet das Tor zu Weisheit.

Wenn der Geist von Ablenkungen und Sorgen befreit ist, wendet er sich natürlicherweise der Kontemplation zu. Es steigen viele lichte und freudvolle Gedanken auf und der Wunsch, mit anderen unser Glück zu teilen. Dieser tiefen inneren Freude entspringen spontan Gebete. Wir sehen voll Mitgefühl das Leid um uns herum, und es entsteht der Wunsch nach Frieden und Harmonie, nach Gleichgewicht der Naturkräfte und nach dem Wissen, wie wir uns weiser in der Welt verhalten können. Wenn Gebete in uns aufwallen, tragen sie Wünsche über die Schranken des Selbst hinaus nach außen; sie gewähren uns flüchtige Einblicke in die uns innewohnende, erleuchtete Natur. Wenn der Geist so von selbstsüchtigen Sorgen befreit ist, wird der Samen für Bodhicitta gelegt und das Verlangen geweckt, dem Pfad der Bodhisattvas zu folgen.

Noch fehlt uns die Erfahrung von Weisheit und ohne sie fehlt unserem Leben Substanz und Zufriedenheit. Wir müssen mehr Licht in unser Bewusstsein lassen und die Dunkelheit erhellen, die unseren Geist verwirrt; unser Herz müssen wir öffnen für ein breiteres Verständnis davon, was wir selbst beitragen können. Beim Beten erfahren wir, wie wir dieses Wissen erbitten und wie wir die Kraft der Übertragungslinie erwecken können, die die schwärzesten Verdunkelungen beseitigen kann. Wir werden verstehen, wie wir das Potential für Buddha-Weisheit erwecken und durch Praxis entwickeln können. Wir lernen seine Kraft zu erwecken durch das, was wir vollenden, sowie Resultate und Segen für uns und andere zu erwirken. Das erfüllt unser Leben mit Sinn und stetiger Freude.

Die Geschehnisse unserer Zeit weisen darauf hin, dass das Kaliyuga, die vom Buddha vorausgesagte Zeit der Finsternis, bereits angebrochen ist. Verwirrung und Apathie nehmen zu und die Augen der Wesen trüben sich für den Dharma. Während dieses Zeitalters werden Frustration und Ärger zunehmen, sie werden unser Glück vergiften und den Samen für Aggression, Gier und Misstrauen legen, das führt zu Einsamkeit und Getrenntsein. In allen Bereichen des Lebens zeigen sich Schwächen, Begehren wird immer stärker und verursacht mehr Bedürfnisse, mehr Uneinigkeit und mehr Unzufriedenheit. Das Leben der einzelnen Menschen und der Kurs der Nationen werden zunehmend verwirrt und chaotisch. Gefangen im Wirbel wachsender Bedrängnis, brauchen wir die besten Freunde, die wir finden können: Wir brauchen die Weisheit Mañjuśrīs, das Mitgefühl von Avalokiteśvara, die liebende Güte von Maitreya und die Macht von Guru Rinpoche, Padmasambhava.

Die Kraft des Gebetes kann selbst die Chemie unseres Körpers ändern und beleben. Sie kann unser Herz öffnen für einen nie versiegenden Strom von Freude und Bedeutung und unseren Geist für die Führung der großen Bodhisattvas, der besten aller spirituellen Freunde. Wir können mit einem klaren, friedvollen Geist leben, arbeiten und praktizieren und dabei die Sechs Vollkommenheiten entwickeln: Geben, ethische Lebensführung, Geduld, Anstrengung, Meditation und Weisheit.

Guru Padmasambhava hat gesagt: „Wenn ihr bereit seid, euer Herz zu öffnen, will ich euch helfen.“ Gebet ist der Weg, auf dieses mitfühlende Angebot zu antworten. Wenn wir Padmasambhava und die großen Bodhisattvas visualisieren, wenn wir uns auf ihre Bilder konzentrieren und auf unsere tiefsten Bedürfnisse, dann können wir unsere eigene Energie aktivieren und einen Strom von Segnungen auslösen. Wir erlangen dann das Wissen, wie wir wieder Harmonie und Gleichgewicht in unser Leben bringen können, und wir sehen, an welchem Wissen es uns mangelt und wie wir es erwecken können.

Gebet an die Erleuchteten

Angeregt durch die Zeremonie für Weltfrieden 1994

Ehre den Buddhas, den Bodhisattvas und den großen Arhats !

Auf diesem heiligen Grund hast du, von der Welt Verehrter, den Schleier der Illusion zerteilt und der Welt die vollkommene Erleuchtung gezeigt. Obwohl Tausende von Jahren vergangen sind, lebt die Schönheit deines Wissens in der Sangha weiter, und dieser heilige Ort strahlt ihre Kraft aus. Wir fühlen die Gegenwart deines großen Mitgefühls; es berührt unsere Herzen und füllt unsere Augen mit Tränen.

Wir sind noch weit von deinem Wissen entfernt, und es gibt nur wenig, was wir wirklich verstehen. Überall quälen sich Wesen in der Dunkelheit. In unserer Frustration wenden wir uns gegeneinander. In unserem Hunger zerstören wir die Erde. Unsere Tränen könnten Meere füllen, und doch hören wir nicht auf, für uns selbst und andere Leiden zu verursachen.

Du vollkommen Erleuchteter, kannst du uns in diesen dunklen Zeiten raten, wenn uns Verzweiflung überkommt und wir nicht wissen, wie wir sie beenden sollen? Kannst du uns führen, wenn die realisierten Meister unserer Linie, die einst so zahlreich wie Sterne am Himmel waren, gestorben und nur wenige verblieben sind, um uns zu lehren?

Gib uns Lehren in dieser dunklen Zeit, wenn es schwer wird, Vertrauen aufrechtzuerhalten und wenn Zweifel unser Vertrauen und unsere Zuversicht untergraben. Lehre uns zu beten, so dass wir den Segen deines Mitgefühls und deiner Weisheit erlangen.

Gib uns Rat in diesen dunklen Zeiten, wenn wir die Wahl haben und nicht unterscheiden können, was uns hilft und was uns zerstört, wenn all unsere Freiheiten die Sorgen in unserem Geist, den Stress in unserem Körper und das Wüten der Emotionen in unseren Herzen nicht lindern können.

Hilf uns in diesen dunklen Zeiten, wenn Probleme uns von allen Seiten bedrängen, wenn Krankheit uns ohne unser Wissen befällt, wenn wir nicht wissen, wohin wir uns wenden können und wohin unser Weg führt. Öffne unser Herz für Einsicht, wenn die Resultate unserer Handlungen uns einholen. Schenke uns dein Mitgefühl, wenn wir zu spät erkennen, welches Leid wir verursacht und welchen Schaden wir der Welt zugefügt haben, der hätte verhindert werden können.

Zeige uns die Folgen unserer egoistischen Ansichten und Handlungen, die uns von deinem Segen und deiner Liebe abschneiden und die unsere eigene Hingabe ersticken. Gib uns deine Lehren in Zeiten, wenn wir sie brauchen, wenn wir alt werden und unsere Freunde uns verlassen, wenn unser Körper, auf den wir so sorgfältig geachtet haben, uns im Alter zur Last wird und wenn unsere Erinnerungen schmerzen. Hilf uns, auf uns selbst Acht zu geben und unseren Geist auf Schönheit zu richten. Erfülle unsere Augen mit den Bildern von erleuchtetem Sein und unsere Herzen mit der Freude des Sinnvollen. Segne unsere Körper mit dauerhafter Zufriedenheit.

Während uns nach Erfüllung dürstet, wird unser Geist von Verlangen hingerissen und vom wilden Fluss der Emotionen beherrscht. Wir jagen nach Lust und Wonnen und werden gejagt von Angst und Furcht. Selten berühren wir unsere innere Stille, die uns heilt und belebt. Wir verlangen nach Glück, wie ein Verirrter in der Wüste nach Wasser. Aber wir finden es nicht. Zu spät merken wir, dass uns der schillernde Wechsel von Trugbildern narrt. Erschöpft hören wir das Echo von Maras spöttischer Stimme und erahnen nur flüchtig die Einsicht in das, was dich zum Bodhibaum und zum Sitz der Erleuchtung trieb.

Ohne deine Führung in den Jahren des Verfalls, welche Angst wird unsere Herzen da befallen? Bei wem können wir Schutz suchen? Unsere Gesellschaft ist nicht erleuchtet, unsere Führer sind fehlbar und wir können ihrer Richtung nicht trauen.

In der ganzen Welt ist nur der eine Buddha mit höchster Erleuchtung. Nur du hast das Netz der Illusionen zerrissen und den tiefen Sinn des menschlichen Lebens verkörpert. Nur du kannst das Licht des Wissens hervorbringen und die Dunkelheit unserer Zeit vertreiben.

Die Mauern um uns sind dick und stark gebaut; wir können unser Mitgefühl kaum spüren. Unser Verständnis ist von Selbstbetrug getrübt und unser Vertrauen nur schwach. Unsere Sicht ist zu begrenzt, um die Weite deiner Vision zu fassen.

Können wir Zuflucht zu dir nehmen, Gesegneter? Kannst du mit uns teilen, wie du mit den Meistern der Vergangenheit das Wissen geteilt hast, das du hier auf dem Diamantenthron empfangen hast? Wir brauchen deinen Segen, um die Fesseln von Karma zu sprengen – stärker als harter Stahl, schwer vom Gewicht wiederholter Fehler. Wir brauchen deine Inspiration, um ein weiteres Bewusstsein und stärkere Tugenden zu entwickeln. Wir brauchen deinen Segen, um einen Geist, den nach erleuchtetem Wissen dürstet, zu kultivieren und ein Herz, das weit genug ist, um ihn zu empfangen.

Heile unsere Herzen mit der Schönheit von Śīla, die aus der Praxis der Vinaya erwächst. Heile unsere Körper mit dem Elixier von Samādhi und unseren Geist mit der befreienden Realisation von Prajñā. Teile dein Mitgefühl und deine Weisheit mit uns, damit wir deine unvergleichlichen Eigenschaften entwickeln und Teil von dir werden.

Wenn wir in deine Fußstapfen treten, können wir den endlosen Fluss von Wünschen unterbrechen und uns von Schuld, Schwäche und Angst befreien. Wenn Herz, Geist und Sinne auf deine Botschaft lauschen, können wir all unsere Wissensquellen und das unbegrenzte Potential menschlichen Bewusstseins nutzen.

Mögen wir werden wie du – fähig Körper, Geist und Sprache dem Wohl aller Wesen zu widmen! Wunderschöner Erleuchteter, gewähre uns deine Führung, so dass dein Weg und unsere Wege für immer zusammengehen!

Zweiter Teil

Gespräch
mit Tarthang Tulku

Wissen vom Mandala hat seinen Ursprung in der Erleuchtung des Buddha Śākyamuni. Der Gesegnete zeigte zum Wohle aller: Wenn alle Verdunklungen der Realisation wegfallen, dann können alle Formen als aus dem Raum auftauchend in einem fortwährenden Prozess des Entstehens gesehen werden. Aus dieser erweiterten Perspektive heraus kann sich alles, was der menschliche Geist benennt und festlegt, ändern. Jeder Gedanke und jede Erfahrung kann in Formen gebracht werden, die den Geist auf die Erleuchtung richten. Diese realisierte Wahrheit liegt verschlüsselt in der Struktur des Mandala.

Im Mandala arbeiten

Rinpoche, es scheint, dass du nicht auf traditionelle Art lehrst. Aber wie lehrst du dann?

Ein guter Ausgangspunkt für Studenten ist, ihre eigenen Schwächen zu sehen. – Das ist die Basis, um Stärke zu gewinnen. Ein weiterer Aspekt ist, gewisse Erfahrungen durch Meditation oder Analyse einzuführen. Das kann sehr nützlich sein, um den Geist zu öffnen. Es sieht vielleicht so aus, als würde sich das von der traditionellen Lehrweise unterscheiden, aber ich würde sagen, was wir hier tun, weicht nicht von der Tradition ab.

Der Nyingma-Pfad gründet sich auf der Lehre, dass unsere Arbeit untrennbar vom Dharma ist. Das ist zwar leicht gesagt, aber oft schwer umzusetzen. Dies bedeutet: Wenn wir den Dharma wertschätzen, dann müssen wir auch unsere Arbeit wertschätzen; wenn wir den Dharma ehren, dann müssen wir auch unsere Arbeit ehren. Wir müssen Dharma und Arbeit eins werden lassen, so dass unsere Arbeit tatsächlich für uns wie unser Herz und unsere Seele wird. Das ist der Pfad, der jeden Menschen zu einem wesentlichen Teil der Sangha werden lässt.

In diesem Land hält man den spirituellen Pfad oft für eine Flucht aus der Verantwortung und der Realität des alltäglichen Lebens. Die Trennung zwischen weltlich und spirituell ist aus einer weltlichen Sicht entstanden und nicht aus der spirituellen Tradition. Im Buddhismus ist der Entschluss, anderen zu helfen, die Grundlage der Praxis. Das bedeutet aber natürlicherweise eine aktive Rolle in der Welt zu spielen, besonders in der heutigen Zeit, in der fast jeder Aspekt des Lebens irgendwie mit weltlichen Belangen verquickt ist.

Traditionellerweise kultivieren Buddhisten den inneren Wert und den Sinn des Lebens mit Hilfe von Meditation, Gebeten und

Hingabe. Die dieser Lebensweise zugrunde liegende Einstellung kann auch durch Arbeit zum Ausdruck gebracht werden. Dann wird die Arbeit selbst zur Meditation und zum Gebet. Der gemeinsame und verbindende Faktor ist das Mitgefühl, das wir dem Leiden anderer entgegenbringen, verbunden mit dem aufrichtigen Wunsch, für das Wohl aller Menschen zu wirken.

Die Wichtigkeit unserer Arbeit zu erkennen, heißt nicht, dass wir sie nur als eine Pflicht betrachten sollen. Eine solche Einstellung kann selbst einfache Aufgaben in unangenehme Verpflichtungen verwandeln. Stattdessen können wir unserer Liebe und unserem Mitgefühl erlauben, die Freude zu nähren, die ganz von selbst aufsteigt, wenn wir unsere Fähigkeiten voll nutzen.

Wenn wir uns rückhaltlos einsetzen, dann liegt dem eine gewisse Ehrlichkeit zugrunde, die unsere Energie erneuert und uns belebt. Sobald wir so arbeiten, kann die erzeugte Energie ungehindert fließen. Sie kann sich selbst aufbauen und einen Rhythmus und ein Momentum erzeugen. Unsere Anstrengung wird von dieser frei fließenden Energie verstärkt, so dass wir besondere und einmalige Ergebnisse hervorbringen können, genau wie ein breiter, kraftvoller Fluss seinen eigenen Lauf und seine für ihn typische Landschaft selbst bestimmt. Diese Dynamik ist in sich selbst freudig: Sie trägt uns durch Angst und Sorgen und erhöht unsere Bereitschaft, mit Hindernissen fertig zu werden. Freude bei der Arbeit ist ein brauchbares Zeichen dafür, dass unsere Handlungen wahren Wert haben. Wenn wir das, was wir tun, wirklich wertschätzen, dann erhalten unsere Handlungen eine besondere Kraft und ihr positiver Einfluss macht sich in unvorhersehbaren Richtungen bemerkbar. Wir können viele Stunden lang arbeiten, ohne die Erschöpfung zu fühlen, die von Konflikten, emotionalem Aufruhr und von inneren Widerständen herrührt. Wir können leicht und unbeschwert arbeiten und doch eine Menge erreichen. Wir arbeiten schnell, aber wir ermüden nicht.

Welche Einsichten haben dich veranlasst, bei deinen Lehrmethoden die Betonung auf Arbeit zu legen?

Arbeit ist Kreativität. Meine eigene Erfahrung hat mich gelehrt, wie stimulierend es ist, wenn man seinem Leben selbst Form und Gestalt gibt. Als Antwort auf unsere gegenwärtigen Bedingungen ist Arbeit gleichzeitig ein Weg, den Dharma und die Übertragungslinie zu erhalten. Sie ist auch ein Beitrag an unsere Mitmenschen.

Weil wir in dieser Welt leben, müssen wir einen Weg finden, in ihr zu arbeiten. Vielleicht sind wir selbst gar nicht materialistisch, aber wir müssen lernen mit der materialistischen Dimension zu arbeiten. Zunächst müssen wir auf der einfachsten Ebene unser Überleben sicherstellen. Ferner brauchen wir die Mittel, um Positives vollbringen zu können. Wenn wir Wissen in der Welt verkörpern, demonstrieren wir auf unfehlbare Weise die Qualitäten des Dharma.

Als Dharma-Studenten können wir mindestens so erfolgreich sein wie andere, vielleicht sogar noch erfolgreicher. Das von uns erworbene weltliche Wissen kann höheren Zwecken dienen, während unsere Arbeit in der Welt eine Herausforderung werden kann, höheres Wissen zu erwecken und zu verfeinern.

Was sind deiner Meinung nach die Hauptfaktoren für Erfolg? In welcher Beziehung stehen diese zu einem religiösen Leben?

Unsere menschliche Verkörperung gibt uns alles, was wir zum Erfolg nötig haben, aber oft missbrauchen die Menschen ihre Fähigkeiten. Wenn Menschen keine Integrität besitzen, können sie selbst die besten Ziele und Visionen nicht erreichen. Wenn der Produzent nicht verlässlich ist, kann das Produkt es auch nicht sein, ganz gleich wie fein das natürliche Material ist. Die besten Grundstoffe und das sicherste Kapital werden ohne Bereitschaft Verantwortung zu übernehmen und ohne Entschlossenheit zu nichts führen. Auf einer direkten, persönlichen Ebene haben wir diese Mängel täglich vor Augen. Sie werden dadurch deutlich, dass wir leicht abgelenkt sind und von einer Aufgabe zur anderen wechseln. Sie zeigen sich als Löcher im Gewebe unserer Arbeitsmuster.

Verantwortungsbewusstsein, Integrität und Entschlossenheit hängen alle vom Niveau unserer Bewusstheit, unserer Konzentration und unserer Energie ab. Diese fundamentalen menschlichen Energiequellen bieten die Grundlage für positive Qualitäten und kreative Handlungen. Wir können jetzt sofort beginnen sie zu verbessern. Ohne Druck oder Gewalt anzuwenden können wir unsere Konzentration ganz sanft anregen, um einen leichten, aber stetigen Fokus zu erreichen. Wenn unsere Konzentration zunimmt, verlieren wir nicht so schnell unsere Bewusstheit. Wir bleiben mit unserer Erfahrung in Kontakt.

Durch diese Verbundenheit und Intelligenz verleihen wir unserer Arbeit echte Qualität und Verlässlichkeit. Wenn wir die nötigen Werkzeuge und das nötige Material haben und wenn wir im Einklang sind mit der uns leitenden Vision, können wir ein ‚Gefühl' dafür entwickeln, was wir tun. Jede Arbeit hat ihre eigene Struktur, ihren eigenen Rhythmus und ihre eigene Form und Gestalt, auf die wir uns beziehen können. Wenn wir auf diese inneren Aspekte der Arbeit eingestellt sind, wissen wir auf eine direkte und unmittelbare Weise, was wir tun. Unsere Bewusstheit öffnet sich, die Konzentration hält stetig ihre Richtung bei und unsere Energie fließt gleichmäßig. Wir erfreuen uns an einem so entstehenden kreativen Austausch mit der Welt, bei dem wir uns noch weiter stabilisieren und unsere Bemühungen vertiefen können.

Ohne stetigen Fokus kann sich keine Bewusstheit entwickeln; ohne starke Energie ist die Konzentration ohne Zusammenhang; ohne Bewusstheit werden Konzentration und Energie fehlgeleitet. Die uralte Technik der Kontemplation bringt Bewusstheit, Konzentration und Energie in Harmonie und verfeinert gleichzeitig diese integralen Aspekte des Menschseins. Wenn wir auf diesem grundlegenden Niveau arbeiten, entwickeln wir Integrität und Entschlossenheit und die Kapazität, volle Verantwortung für unser Leben zu übernehmen.

Bewusstheit, Konzentration und Energie haben zu allen Zeiten bei der spirituellen Entwicklung eine zentrale Rolle gespielt. Wenn wir diese Fähigkeiten nicht trainieren, werden sie schwächer. Wenn ihre Kraft nachlässt, verlieren wir unsere ethischen Impulse und unser spirituelles Potential. Wir verlieren die Krönung unseres menschlichen Lebens. Unser Leben wird mechanischer, künstlicher und automatischer. Schließlich verlassen wir uns noch mehr auf die Technologie und erwarten von ihr, dass sie uns Lösungen zu den Problemen bietet, die die menschliche Intelligenz nicht mehr bieten kann. Dann ist die Menschheit an einem gefährlichen Punkt angelangt.

Wenn unsere Gemeinschaft zeigen kann, wie man Bewusstheit, Konzentration und Energie erhöht und wie man sie in Werkzeuge umschmiedet, die Verantwortung, Integrität und Entschlossenheit verbessern, dann können wir durch unser Vorbild der Gesellschaft von Nutzen sein. Das Wissen, wie man negative Muster ändern kann, ist das kostbarste Geschenk, das wir machen können. Wenn wir uns selbst schulen, unser Wissen testen, es verfeinern und in unseren Werken manifestieren, dann können wir einen bleibenden Unterschied in der Welt bewirken.

Viele religiöse Traditionen machen eine klare Unterscheidung zwischen weltlichen und spirituellen Belangen. Behauptest du, dass diese Unterschiede im modernen Leben weniger wichtig sind?

Die Unterscheidung zwischen einem weltlichen und einem religiösen Lebensstil ist lange Zeit nicht in Frage gestellt worden, aber in der heutigen Welt ist diese Trennung einfach nicht mehr möglich. Die strenge Hierarchie und der allgemein akzeptierte Glauben, die sie in der Vergangenheit unterstützt haben, gibt es nicht mehr. Sowohl spirituelle Gemeinschaften als auch Individuen können es sich nicht mehr erlauben, weltliche Angelegenheiten einfach anderen zu überlassen, denn sie können nicht mehr mit der Unterstützung der Gesellschaft rechnen. Auch die meisten Menschen, die weltlichen Geschäften nachgehen, können keine Hilfe durch die Bemühungen derer erwarten, die sich geistigen Zielen verpflichtet haben. Die Unterscheidung zwischen weltlicher und spiritueller Arbeit funktionierte nur deshalb, weil ihr von beiden Seiten ein tiefes Gefühl von Verbundenheit zugrunde lag. Heutzutage scheint diese Verbundenheit immer schwächer zu werden.

Meine Erfahrungen, die ich seit meiner Ankunft hier im Westen vor über dreißig Jahren gemacht habe, überzeugen mich, dass die Trennung zwischen der Arbeitswelt und der Welt des Geistes nicht notwendigerweise sein muss. Die Arbeit selbst kann eine innere Bedeutung und einen inneren Wert haben, wodurch sie Teil eines spirituellen Pfades wird. Jeder, der irgendeine Arbeit ausführt, kann dieses Gefühl von tiefer innerer Erfüllung spüren. Dieses Gefühl wurde immer als Ergebnis eines spirituellen Lebens betrachtet, selbst dann, wenn der Mensch keinerlei religiöse Ambitionen hat.

Was ist deiner Meinung nach der wertvollste Aspekt, wenn Arbeit als spirituelle Praxis betrachtet wird?

Wenn die Betonung auf Arbeit liegt, können die Menschen den lebendigen Dharma in ihrem täglichen Leben anwenden, anstatt ihn als etwas Theoretisches zu behandeln. Arbeit kann eine Form von Studium sein, während sie gleichzeitig greifbare Resultate hervorbringt. Die Sechs Vollkommenheiten haben beispielsweise einen Platz in all unseren Aktivitäten. Wenn wir mit der Einstellung arbeiten, anderen zu dienen, dann wird unsere Arbeit zu einer Form des Gebens. Wenn ich Bücher schreibe, dann studiere ich, während ich schreibe; wenn ich geduldig arbeite, dann meditiere ich über Geduld. Das Gleiche gilt für Konzentration, Anstrengung und Disziplin.

Wenn Arbeit gleichzeitig Praxis ist, dann verstärken sich beide Seiten gegenseitig. Wir werden produktiver und manchmal erhaschen wir einen flüchtigen Einblick in unser volles Potential als Mensch. Auch die Zufriedenheit spielt eine Rolle, die wir verspüren, wenn wir etwas Wertvolles für uns und vielleicht auch für andere erreicht haben.

Nyingma-Studenten profitieren in vielerlei Hinsicht von ihrer Arbeit. Zu lernen, wie man arbeitet, wirkt zum Beispiel als Gegenmittel gegen Faulheit. In unserer Gemeinschaft arbeiten wir mit traditionellen Formen, die den Geist zu neuem Wissen erwecken, wodurch Wachstum und Verständnis gefördert werden. Arbeit ist eine Form des Karma-Yoga. Sie erzeugt Verdienste und eine Grundlage für den Pfad des Buddha.

Arbeit ist auch der direkteste Weg, sich mit den typischen Hindernissen auseinanderzusetzen, denen westliche Studenten begegnen. Manche wählen vielleicht einen spirituellen Lebensweg, weil sie glauben auf diese Weise der gewöhnlichen Welt zu entfliehen, eine Art vorzeitiger Pensionierung. Aber Arbeit wird sie lehren, wie wichtig es ist, sich mit der

Welt ehrlich und direkt einzulassen, was mit dem Ziel von spiritueller Praxis völlig übereinstimmt. Manchmal glauben Studenten über weltliche Angelegenheiten erhaben zu sein, weil sie so ‚spirituell' sind. Diese fixierten und rigiden Einstellungen können die Inspiration untergraben. Dharma-Arbeit kann ihnen helfen wieder flexibler und kreativer zu werden.

Man könnte sagen, dass Arbeit die Vorbereitung für höhere Praxis ist. Aber das ist nur eine Möglichkeit den Wert von Arbeit auf dem spirituellen Weg zu betrachten. Wie man aus den Lebensgeschichten der vierundachtzig Siddhas ersieht, kann Arbeit noch einen wichtigeren und direkteren Sinn haben. Wir können für die höchsten Ziele arbeiten und gleichzeitig tief mit gewöhnlichen Arbeiten engagiert sein. Mit dieser Einstellung kann der Pfad der Vorbereitung auch zur Frucht der Vorbereitung werden.

Es scheint, dass Nyingma-Studenten ihren Pfad als schwer empfinden. Sind diese Schwierigkeiten real oder sind sie selbst-verursacht?

Die Nyingma-Lehren beinhalten physische und geistige Anstrengungen, aber sie sind in sich selbst nicht besonders schwierig. Es gibt keine geheimen Lehren oder Initiationen, die besonders schwere Erfordernisse auferlegen. Wir legen Wert auf die vorbereitenden Übungen. Sie sind sicher und erzeugen Verdienste.

Vielleicht erscheint diese Art zu lehren manchen Studenten als schwierig, weil sie keine schnellen Antworten und magischen Lösungen verspricht. Die Lebensführung, zu der wir hier raten, ist stabil und fundiert: Sie hilft eine gute Grundlage zu bilden, um mit Problemen besser umzugehen. Ältere Studenten entwickeln mit der Zeit ein breiteres Verständnis für die Lehren, und sie achten mehr auf die Folgen ihrer Handlungen. Dann wird ihr Leben einfacher, es wird leichter, dem Pfad zu folgen.

Wirkliche Schwierigkeiten treten bei Leuten auf, denen diese Grundlage fehlt. Sie werden von jedem emotionalen Wind hin und her geblasen. Wenn dann die Kraft des Windes zunimmt, können Studenten, die noch keine starke Basis für ihre Praxis entwickelt haben, ernsthafte Schwierigkeiten erfahren. Das ist sicher wahr.

Ist diese Art von Praxis besonders für den Westen geeignet?

Westliche Menschen sind im Allgemeinen praktisch veranlagt, dadurch ist Arbeit als Dharma-Praxis für sie sehr passend. Wenn sie sich ganz in die Arbeit hineingeben, können sie klar erkennen, was sie erreicht haben. Natürlich ist der Westen technologisch weit entwickelt. Das ist ein weiterer Vorteil. Die Mühen, die hier im Westen in die Arbeit fließen, erzeugen bei weitem bedeutendere Ergebnisse als die gleichen Anstrengungen anderswo. In diesem frühen Stadium der Dharma-Verbreitung hat Arbeit sicher auch einen Vorzug gegenüber der Meditation allein, denn sie hat definitiv einen Einfluss auf unser Leben und unser Bewusstsein. Jemand kann zehn Jahre lang meditieren, Mantras singen und andere Übungen ausführen, aber solange es an der Vorbereitung, der Konzentration und Vision fehlt, können die Ergebnisse recht begrenzt sein. Es kann dann zu tiefen Enttäuschungen kommen und zu dem Gefühl, dass die ganze Zeit vergeudet war. Wenn diese Zeit aber mit produktiver Arbeit ausgefüllt war, dann sind die Ergebnisse fassbar und können eine Quelle der Ermutigung und Zufriedenheit sein. Auch die Arbeit selbst kann eine reiche und lohnende Erfahrung sein.

Es stimmt, dass die Zeit im Nu verfliegt und dass Gelegenheiten verschwinden, ehe wir ihre wirkliche Bedeutung erkannt haben. Es stimmt aber auch, dass die Zeit ganz schleppend vorbeigehen kann, wenn sie uns eine Aufgabe nach der anderen und Langeweile und Erschöpfung präsentiert. Aber unter solchen oberflächlichen Manifestationen arbeitet die Zeit anders. Verdienste werden in dem tieferliegenden Strom der Zeit weitergetragen und Handlungen verbinden sich mit einer tieferen und bedeutenderen Dynamik. Wenn wir erst dieses Niveau erreicht haben, dann erscheinen uns Freude oder Erschöpfung oder uns übermannende Schwierigkeiten nicht mehr so wichtig.

Die Sache ist eigentlich ganz einfach. Wenn unsere Verdienste länger anhalten als die Energie, die wir einsetzen, dann ist der Preis, den wir zahlen, nicht zu hoch. Wenn ich an meine eigene Arbeit und an die unserer Gemeinschaftsmitglieder denke, dann hoffe ich schon, dass dies der Fall ist. Ich bin sicher, dass unsere Werke echten Wert besitzen, für die Menschheit jetzt und für zukünftige Generationen.

In den vergangenen dreißig Jahren haben wir Tausende von Gebetsmühlen und Gebetsfahnen hergestellt. Wir haben den Stupa und die Tempel von Odiyan gebaut; wir haben Hunderte von Statuen und andere Werke heiliger Kunst geschaffen. Dank unserer intensiven Herausgeberprojekte haben wir über tausend Thankas – jeder ein künstlerisches Meisterwerk – sowie viele tausend wertvolle Textbände vor der Zerstörung bewahrt. Ich glaube fest daran, dass die Texte, die wir gerettet haben, und die von uns geschaffenen Symbole dem Westen großen Nutzen bringen werden, ungeachtet dessen, was aus unseren anderen Anstrengungen wird.

Entwickeln deine Studenten die Qualifikation, um die Nyingma-Linie weiterzugeben?

Die Nyingma-Lehren sind sehr ausgedehnt, ein wahrer Ozean an Dharma. Sie bestehen aus den bKa'-ma Lehren, aus Mahā, Anu und Ati Yoga und aus den gTerma-Lehren, die von Padmasambhava und anderen großen Meistern aus der Zeit Khri-srong lDe'u-btsans übertragen und erst in späteren Zeiten entdeckt wurden. Ich habe nicht versucht diese direkt weiterzugeben. Bisher habe ich mich auf grundlegende Dharma-Lehren konzentriert, um ein starkes Fundament zu legen. Dabei habe ich langsames, aber stetiges Wachstum beobachten können. Ich glaube, mit der Zeit werden noch Gelegenheiten für zusätzliche Belehrungen kommen. Ob das wirklich so sein wird oder nicht, hängt von meinen Studenten ab.

Der Buddhismus ist enorm umfangreich. Es ist nicht verwunderlich, wenn es Jahre ausdauernder Bemühungen erfordert, bis Studenten ein echtes Verständnis von den Lehren entwickeln und deren Wert würdigen können. Obwohl unsere Priorität darin besteht, eine gute Grundlage für den Dharma zu schaffen, ermutige ich meine Studenten doch, täglich zu meditieren und in den von uns veröffentlichten Büchern, einschließlich Crystal Mirror, zu lesen. Letztere geben eine Einführung in die Geschichte, Philosophie, Dharma-Praxis und in die Nyingma-Tradition. Manche Studenten arbeiten mit diesen Lehren kontinuierlich, während sie redigieren und unsere Bücher für die Veröffentlichung vorbereiten. Viele Mitglieder unserer Gemeinschaft – auch einige ohne künstlerische Ausbildung – hatten die wertvolle Gelegenheit, die Verbindung zwischen ästhetischer Wertschätzung und spiritueller Praxis zu verstehen, indem sie beim Tempelbau mit vielen verschiedenen Formen heiliger Kunst arbeiteten. Unsere Langzeitstudenten sind auch nach Indien und Nepal gereist, um an den Weltfriedenszeremonien in Bodh Gayā, Sarnath und Kathmandu teilzunehmen. Dieser Kontakt mit traditioneller Praxis, besonders an diesen heiligen Orten, ist wichtig für ihr Verständnis von der Übertragungslinie und der Natur des spirituellen Pfades. Das alles sind Formen von Belehrungen, die tief eindringen.

Da der Prozess einer direkten und greifbaren Etablierung der Lehren in westlichen Kulturen von den Menschen dieser Länder aufgegriffen werden muss, habe ich mich bemüht, ihnen ein möglichst tiefgehendes Verständnis zu vermitteln. Auf dem Weg dahin leisten die Studenten einen guten Beitrag zum Dharma und damit für eine positive Zukunft Amerikas.

Was glaubst du aufgrund deiner Erfahrung, was aus dem Buddhismus im Westen wird?

Ich glaube schon, dass eine Sangha im Westen etabliert werden kann, wenn keine direkten Hindernisse auftreten. Wahrscheinlich ist es keine Sangha, die der tibetischen Tradition oder irgendeiner anderen Tradition folgt. Sie wird stattdessen ihre eigene Tradition schaffen und ihre eigene Methode, um den Dharma zu kommunizieren. Damit dies in einer Weise geschehen kann, die die Schönheit und die transformative Kraft des Dharma erhält, brauchen wir ein solides Fundament. Genau daran haben wir gearbeitet. Es kann aber noch Jahre voller Bemühungen dauern, ehe wir zufrieden sein können und das Fundament fertig gestellt ist. Ich glaube jedoch, dass der Lohn die Mühe wert sein wird.

Im Mandala leben

Rinpoche, du beschreibst Odiyan als ein Mandala, aber die meisten Menschen stellen sich unter einem Mandala in Thankas gemalte oder in farbigem Sand ausgelegte Muster vor. Sind Mandalas wirklich dreidimensional, oder ist Odiyan einmalig in dieser Hinsicht?

Das Mandala dient als ein Muster, das die Energie der Erleuchtung in für die menschlichen Sinne wahrnehmbare Formen bringt. Diese Formen sind Symbole, die die Strukturen des Geistes mit der Aktivität der Erleuchteten verbinden. Sie verleihen der Verwirklichung Kraft und geben den Meditierenden Zugang zur universalen Wirklichkeit.

Obwohl das Konzept des Mandala in der westlichen Sicht der Wirklichkeit keine Entsprechung hat, nimmt es sowohl in der Sichtweise als auch in der Praxis des Mantrayāna einen zentralen Platz ein. Es gibt viele Hunderte von Mandalas, um den besonderen Bedürfnissen der verschiedenen Menschen zu dienen. Jedes Mandala vermittelt eine bestimmte Art von Wissen. Alle Schulen des tibetischen Buddhismus gebrauchen in ihrer Praxis Mandalas. Und ja, Mandalas können in der Tat dreidimensional dargestellt werden.

Was hat dich veranlasst, Odiyan in Form eines Mandala zu schaffen, nicht nur in der Form und Anordnung der Gebäude, sondern auch in der Landschaftsgestaltung und in den Gärten?

Als ich noch sehr jung war, beobachtete ich meinen Vater, wenn er Vorbereitungen für die Feuerzeremonie traf, die Teil der Heruka-Sādhana ist. Nachdem er das Brennmaterial gesammelt und aufgeschichtet hatte, machte er oben auf dem Stapel ein Sand-Mandala. Zuerst markierte er Größe und Proportionen des Mandala, dann bildete er die Formen in fünf verschiedenen Farben: Blau (oder Weiß) im Osten, Gelb im Süden, Rot im Westen, Grün im Norden und Weiß (oder Blau) in der Mitte. Diese Formen waren leicht erhaben, wie ein Relief. Das war mein erstes Verständnis von den Formen eines Mandala.

Nachdem ich mit dem Studium begonnen hatte, las ich, dass die Struktur und die Bedeutung des Mandala auf uraltes Wissen von universalen Übereinstimmungen zurückgehen und dass Mandala-Formen und -Farben mit den Elementen und den Himmelsrichtungen in Verbindung stehen. Diese Formen sind symmetrisch angeordnet und stellen Gleichgewicht und Harmonie des Kosmos dar, und zwar sowohl in der physischen Umgebung als auch im menschlichen Geist. Ich erfuhr, wie die fünf Dhyāni-Buddhas mit den Richtungen des Mandala assoziiert sind und dass friedliche und zornige Gottheiten in den Mandala-Formen wohnen können.

Als ich anfing zu begreifen, dass sich in jedem Mandala-Element ein komplizierter Symbolismus ausdrückt, verstand ich auch, dass man in ein Mandala erfahrungsmäßig eintreten kann. Das ist eine meditative Praxis, die dem Eintreten in einen Tempel entspricht. Später sah ich auf meinen Tibet-Reisen einige dreidimensionale Mandalas. Das größte war etwa zwei Fuß im Durchmesser. Diese Vorbilder verstärkten meinen Eindruck, dass ein in größerem Maßstab gebautes Mandala physisch bewohnt werden kann. Sobald diese Vorstellung Klarheit angenommen hatte, lebte sie fort in mir und entwickelte sich zu einer reichen Quelle der Inspiration. Als ich nach Amerika kam, wurde das Mandala mit seiner heiligen Architektur und seinen sich gegenseitig unterstützenden Teilen das Vorbild für die Nyingma-Organisationen in Kalifornien und auch in unseren Zentren in anderen Teilen der Welt. Als wir 1975 Land erwarben für ein Landzentrum, entfaltete sich wie von selbst die Idee, Odiyan als Mandala zu bauen.

Was für einen Sinn und Wert hat es, in einem Mandala zu wohnen, physisch und symbolisch?

Die Mantrayāna-Tradition von Tibet betrachtet das Mandala als einen Kosmos, als ein vollkommenes Buddha-Feld. In der Sukhāvativyūha und anderen Mahāyāna-Sūtras sind Buddha-Felder als reines Land bekannt: himmlische Gebiete, wo jede Form auf einer ganz tiefen Ebene für die Sinne befriedigend ist und wo die Bedingungen ideal sind, um Erleuchtung zu erlangen.

Im Mandala eines Buddha-Feldes wird das Rascheln der Blätter zum Klang von Stimmen, die den Dharma lehren, der sich mit dem feinen Läuten von Glocken vermischt und mit dem sanften Rhythmus und den Tönen von himmlischer Musik. Leiden und Tod sind unbekannt, alle weltlichen Sorgen lösen sich auf, Freude wird zum natürlichen Zustand des Seins. Alle Speisen und Getränke, reichlich und frisch vorhanden, verwandeln sich in den allerkostbarsten Nektar. Diejenigen, die das Glück haben, in ein solches reines Land einzutreten, fühlen, wie Freude und Liebe in ihren Herzen aufsteigen, unterstützt von herrlichen Aussichten, Klängen, Düften und Empfindungen, die von den sich mit Schönheit im Einklang befindlichen Sinnen aufgenommen werden. Der Geist verweilt mühelos in meditativer Bewusstheit, Erleuchtung entfaltet sich spontan.

Das alles ist die äußere Stufe von Sinn und Bedeutung. Wie die Texte des Mantrayāna erklären, bezieht sich auf der inneren Stufe der Begriff Mandala auf ein erleuchtetes Feld, das von seinem eigenen vollkommenen Zentrum nach außen strahlt, so wie sich Elektronen in einem Atom um einen Kern anordnen. Alle Punkte eines Mandala sind mit dem Zentrum verbunden und drücken seine Dynamik in einer nicht endenden Schau von sich entfaltender Schönheit aus, die die allertiefste Weisheit übermittelt. Als ein vollkommenes Feld der Verwirklichung gelangt das Mandala nicht an einen Endpunkt, den man berühren kann. Es hat keine Wurzel, die ausgegraben werden und keine Begrenzung, die lokalisiert werden könnte.

Was genau bedeutet diese Vision vom Mandala für uns als gewöhnliche Menschen und Praktizierende?

Alle Wesen haben teil an Körper, Sprache und Geist der Buddhas, und sie besitzen auch das Potential erleuchtet zu werden. Die Tempel, das Mandala und sein gesamtes Feld so wie alle Symbole erhöhen unsere Bewusstheit für dieses Potential und sie regen uns an, es durch unsere Praxis zu aktivieren. Wenn wir innerhalb des Mandala leben, entfalten sich all diese Prozesse auf ganz natürliche Weise, bis alle positiven Eigenschaften verstärkt und alle negativen transformiert sind. Anfangs sind unsere Reaktionen auf die Dharma-Symbole, die uns zur Schönheit und zur Wahrheit des erleuchteten Wissens erwecken, vielleicht nur unterschwellig. Wenn sich aber unser Bewusstsein weiterentwickelt, spüren wir unsere Verwandtschaft mit den Buddhas immer deutlicher. Wir schätzen die unbegrenzte Kreativität und die Freiheit des Mandala. Genau wie der Geist, so erlaubt auch das Mandala unendlich viele Manifestationen und dabei bleibt es vollkommen offen und frei. Es gibt nichts Substantielles im Mandala, nichts, was man zurückverfolgen oder definieren könnte. Als menschliche Wesen sind wir an bestimmte Formen und Formulierungen gebunden und können diesen letzten und unbegrenzten Aspekt der Wirklichkeit nicht begreifen, aber das Mandala bleibt doch erreichbar.

Rinpoche, mir scheint, wenn du vom Leben im Mandala sprichst, dann sprichst du von der physischen und der symbolischen Ebene gleichzeitig. Kann man diese beiden Ebenen zusammenbringen? Ist das die Vision von Odiyan, die dich leitet?

Als junger Mann schienen mir die Beschreibungen des Mandala-Symbolismus von tiefer Bedeutung. Indem ich von den großen erleuchteten Meistern hörte und indem ich ihre Biographien las, wurde mir bewusst, dass Padmasambhava, Sarahapa und Nāgārjuna und andere große Siddhas in voller Bewusstheit der Realisation lebten, die das Mandala und seine Symbole ausdrücken. Aus ihren Schriften und Handlungen geht klar hervor, dass diese Meister die Fähigkeit besaßen, sich nach Belieben zwischen dem Feld des Mandala und dem der konventionellen Formen hin und her zu bewegen. Sie demonstrierten das, um uns zu zeigen, dass Samsara und der erleuchtete Bereich nicht so weit voneinander entfernt sind, wie wir glauben, und dass wir in dieser Zeit und an diesem Ort ein Mandala erschaffen und darin leben können.

Wie man das Wissen von der Kraft des Mandala zur vollen Kraft des menschlichen Bewusstseins erweckt, wurde uns in den Texten der Inneren Tantras überliefert. Viele von ihnen erschienen zum ersten Mal im Land von Oddiyana. Dieses Wissen inspirierte die Erschaffung von bSam-yas, dem ersten Kloster in Tibet. Seitdem taucht es immer wieder in den Nyingma-Lehren auf.

Wie können Praktizierende auf dieser symbolischen, erfahrungsmäßigen Ebene in das Mandala eintreten?

Durch Hingabe an den Buddha, den Dharma und die Sangha erlangen wir Zutritt zum Mandala und auch durch Wertschätzung für die Gelegenheit unseres menschlichen Lebens, die Lehren der Erleuchtung studieren und praktizieren zu können. Hingabe und Wertschätzung bringen die Schranken zum Schmelzen, die uns unser Ego und unsere Emotionen errichten; dabei öffnen sich Tore zu einem neuen Bereich von Schönheit und Bedeutung. Innerhalb dieses Bereiches werden durch Tempel, Symbole und heilige Formen spirituelle Qualitäten manifestiert. Sie zu erkennen und über sie zu meditieren, ist für uns wichtig. Zum Beispiel verkörpert die Form des Buddha Achtzig Eigenschaften, die sich auf die Erleuchtung beziehen. Die Form der Stupa erinnert an Lehren, wie die der Siebenunddreißig Flügel der Erleuchtung, sie erinnert an die Stufen des Bodhisattva-Pfades.

Wertschätzung und Hingabe können einen mächtigen Transformationsprozess in Gang setzen. In einem ersten Schritt müssen wir die Bereitschaft dazu aufbringen, direkt die Wirkungsweise von Samsara anzuschauen und die Natur des Geistes und der Emotionen zu analysieren. Von dieser Basis aus eröffnen uns Hingabe, Visualisation und Ritual Wege des direkten Kontaktes zu Buddha, Dharma und Sangha. Es entsteht ein Impuls, der alle Formen der Dualität überschreitet. Tempel, Altar und heilige Bilder öffnen die geschlossenen Türen des Bewusstseins und erlauben Zugang zur Erleichterung des Bekennens, zur inneren Kraft von Moralität und zum Segen der Vereinigung mit den Erleuchteten. Wenn wir uns tief im Herzen ergeben, erwachen wir zur Wertschätzung der vollen Bedeutung des Buddha. Wir identifizieren uns mit seinen Eigenschaften, so dass wir sie in uns selbst vervollkommnen wollen.

Wenn wir die Vier Edlen Wahrheiten und den Achtfachen Pfad unserem Geist fest einprägen, dann legen wir allmählich ein Fundament, um uns selbst aus dem Griff unserer karmischen Verdunkelungen zu befreien. Ganz gleich, wie egoistisch wir am Anfang sind, der Achtfache Pfad führt in die richtige Richtung und damit führt er uns unfehlbar zu Weisheit und Mitgefühl. Die vollkommene Sicht bringt uns Klarheit und Konzentration. Die vollkommene Absicht manifestiert sich in vollkommener Rede und in vollkommenen Handlungen, die die Qualitäten des Dharma ausdrücken. Sie befreit uns auch von den Ursachen von Schuld und Reue, und sie befähigt uns anderen wirklich zu helfen. Vollkommene Lebensführung gibt uns die Kraft schädliche Handlungen zu unterlassen. In ihrer höchsten Form bietet sie uns Gelegenheiten anderen von Nutzen zu sein. Vollkommene Anstrengung bringt Freude. Diese Freude inspiriert uns, bei allem, was wir tun, mit ganzem Herzen dabei zu sein und dazu, vollkommene Achtsamkeit zu kultivieren. Mit dieser aufgeweckten, wachen Einstellung können wir die Wahrheit der Lehren erkennen, egal in welcher Form sie sich manifestieren. Vollkommene Achtsamkeit stärkt vollkommene Konzentration und Meditation, die Verdunkelungen beseitigt und den Pfad zur Erleuchtung erhellt.

Der Bodhisattva führt diese Praxis noch weiter. Indem er Zuflucht nimmt, betet er darum, das Wissen des Buddha zu verkörpern, damit er alle fühlenden Wesen befreien kann aus dem Kreislauf von Ursache und Wirkung, der zu Leiden führt. Die universale Weite solcher Hingabe löscht jeden Gedanken an das Selbst aus und führt den Bodhisattva zu tiefer Vereinigung mit der Weisheit des Buddha.

Durch Symbole und Bilder der vollkommenen Realisation werden die Eigenschaften der Erleuchtung in unser Leben gebracht – auf welcher Ebene auch immer wir vorbereitet sind sie wahrzunehmen. Bei der Meditation über Bilder von Buddhas und Bodhisattvas erwecken wir deren Eigenschaften, wir verlassen Schritt für Schritt die Phantasiewelt der Beschäftigung mit uns selbst und berühren die erleuchteten Eigenschaften, die bereits latent in uns verborgen liegen. Diese Eigenschaften verstärken sich in dem Maß, wie sich unsere Praxis vertieft. Sie beseitigen unsere Verdunkelungen und führen uns näher zur Erleuchtung. Auch wenn manche Studenten anfangs die Bilder als von sich selbst getrennt betrachten, so bringt das Anschauen doch Nutzen, denn die Eigenschaften, die dabei erwachen, sind rein und vollkommen. Genau wie die Bilder in einem Spiegel, so werden die im Gebet erweckten Eigenschaften im Geist dessen, der betet, reflektiert und seine eigene Hingabe wird einen Prozess der Transformation auslösen.

Wenn wir erst einen Sinn für die Bedeutung der Symbole und Formen des Mandala entwickelt haben, dann erinnern sie uns daran, unsere Praxis immer wieder zu überprüfen und sie durch erhöhte Anstrengung zu vervollkommnen. Schließlich können wir ganz in diese Erfahrung eintauchen. Alle Aspekte unseres täglichen Lebens werden zur Praxis und die ganze Existenz manifestiert sich als Teil des Mandala. Jeder Aspekt des Mandala weist unablässig auf diese Ebene der Verwirklichung hin.

Index

Weitere Bücher von Tarthang Tulku bei Dharma Publishing Deutschland

Nyingma-Psychologie-Serie		
Wege zum Gleichgewicht	ISBN	3-928758-12-8
Offene Bewusstheit	ISBN	3-928758-02-0
Der verborgene Geist der Freiheit	ISBN	3-85914-342-5
Befreiendes Wissen	ISBN	3-928758-00-4
Die innere Kunst der Arbeit	ISBN	3-928758-13-6
Geschicktes Wirken – Arbeit erfolgreich meistern	ISBN	3-928758-07-1
Raum-Zeit-Erkenntnis-Vision		
Dynamik von Raum und Zeit	ISBN	3-928758-15-2
Tibetisches Yoga		
Tibetische Entspannung (neu)	ISBN	3-928758-19-5
Buddhismus		
Schritte auf dem Diamantweg	ISBN	3-928758-14-4
Die drei Juwelen – Buddha, Dharma und Sangha	ISBN	3-928758-06-3
Jakata Geschichten für Kinder		
Das kleine Kaninchen und die Angst	ISBN	3-928758-08-X
Gute Freunde sind viel wert	ISBN	089800-221-4
Der Papagei und der Feigenbaum	ISBN	3-928758-01-2
Goldstück	ISBN	3-928758-16-0

Dharma Publishing Deutschland
Siebach Str. 66
50733 Köln
Tel: 0221-469 90 82
www.dharmapublishing.de